PAPER BATTLES & DIORAMAS 007

PLAY THE SEVEN YEARS' WAR 1756-1763 • 2

GIOCA A WARGAME ALLA GUERRA DEI SETTE ANNI -2

AUSTRIAN - FRENCH, RUSSIAN AND ALLIED ARMIES

LUCA STEFANO CRISTINI - GIANPAOLO BISTULFI

AUTHORS

Luca Stefano Cristini has edited various publications on ancient and contemporary historical themes, including a great work on five volumes about the thirty years war and many others on Medieval, Napoleonic item as well as several illustrated books with historical color photographs. He has also curated all the brands of Soldiershop publishing.

Luca Stefano Cristini, storico e divulgatore da sempre di storia militare. Ha diretto per diversi anni riviste nazionali specializzate di carattere storico e uniformologico. Ha pubblicato un importante lavoro, recentemente ristampato su 5 volumi, dedicato alla guerra dei 30 anni (1618-1648) il primo mai stampato in Italia sull'argomento. L'autore ha oggi al suo attivo molti titoli delle collane Soldiershop, Bookmoon e Museum sia in qualità di autore che di illustratore.

Gianpaolo Bistulfi was born in Milan where he lives and works. He has always had a passion for drawing and painting. In 1987, he discovered the world of flat soldiers, virtually unknown in Italy. Gianpaolo has dedicated himself to making the world of flats known in Italy: he has created a very extensive website on the subject; he has written and writes articles for specialized magazines in Italy, Germany and England; he has collaborated in the publication of some books by providing photos of the figures of his wide collection of flat figures. His collection is one of the most important in the world.

Gianpaolo Bistulfi è nato a Milano dove risiede e lavora. laureato in Ingegneria elettrotecnica al Politecnico di Milano. Ha sempre avuto una passione per il disegno e la pittura. Nel 1987, scopre il mondo dei soldatini piatti, all'epoca poco sconosciuti in Italia. In breve diventa uno dei massimi artisti di riferimento mondiale nella colorazione e raccolta di soldatini piatti. La sua collezione è da annoverare fra le più grandi del mondo. Ha contatti con tutto il gotha di artisti e produttori di zinnfiguren e gestisce un blog molto seguito.

PUBLISHING'S NOTE
No part of our book may be reproduced in any format without the expressed written permission of Luca cristini Editore (Soldiershop.com), other than for personal hobby use. The publisher remains to disposition of the possible having right for all the doubtful sources images or not identifies.

ACKNOWLEDGMENT - RICONOSCIMENTI:
A special acknowledgment goes to our master paper kraft Giuseppe Cristini, expert author of all the "clippings" and assembly of our kits and buildings. A thank you also goes to all the artists of flat painted soldiers not mentioned of the models belonging to the authors' collections. Last a thanks to Anna Cristini, author of the assembly of all the figures' stands.

Uno speciale riconoscimento va al nostro master paper kraft Giuseppe Cristini, esperto autore di tutti i "ritagli" e montaggi dei nostri kit ed edifici. Un ringraziamento va anche a tutti gli autori di soldatini piatti dipinti non citati dei modelli appartenenti alle collezioni degli autori. Ad Anna Cristini autrice del montaggio degli stand dei figurini.

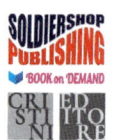

Title: Play the Seven years' war 1756-1763 - 2 - Gioca a wargame alla guerra dei sette anni 1756-1763 - 2
By Luca Stefano Cristini & Gianpaolo Bistulfi
Serie Paper Battles&Dioramas edit by Luca S. Cristini. First edition by Soldiershop series. Agosto 2020
Cover & Art Design: Luca S. Cristini. ISBN code: 978-88-93276092
Published by Luca Cristini Editore, via Orio 35/4- 24050 Zanica (BG) ITALY. www.soldiershop.com

PLAY THE SEVEN YEARS'WAR 1756-1763 -2
GIOCA A WARGAME ALLA GUERRA DEI SETTE ANNI 1756-1763 - 2

PREFACE

The Seven Years War (1756 - 1763) was a military struggle between Britain, Hannover and Prussia (later Portugal) on one side, and France, Russia, Austria, and Sweden on the other. France and Britain carried the fighting to their colonies, and eventually the conflict involved many of the European powers. In the USA this war is also known as the French and Indian War. The result of the war was to increase the power of Britain (especially in her colonies) and Prussia. The leading military figure in the conflict was King Frederick II of Prussia, later known as Frederick the Great. One of his innovations was the oblique attack order. This maneuver was designed to bring the bulk of his army against one of the enemie's flanks, defeating it decisively before the entire enemy army could become engaged.

In the following 50 pages of this second volume dedicated to the seven-year war, you will find hundreds of soldiers supplied in the standard scale of 25/28mm that you can, for personal use only, photocopy on thicker cardboard and thus obtain weapons of the desired size. Always acting on the print you can enlarge or on the contrary reduce the scale, in order to get soldiers in other scales from 10mm to 30mm! Any commercial use is prohibited as the copyright remains the exclusive property of Soldiershop. Given the cover price of our books it could be cheaper for you to get toy soldiers directly from our books, especially with the new editions that include the sheets all on the right pages with the back occupied by text and not by other soldiers!

So what are you waiting for? Put on your general's epaulettes, equip yourself with a capable table, a ruler to measure, a pair of dice and get ready to lead your armies in epic and exciting battles of history.

PREFAZIONE

La guerra dei sette anni (1756 - 1763) fu un famoso conflitto condotto dalla Prussia alleata della Gran Bretagna da una parte e Francia, Russia, Austria e Svezia dall'altra. Francia e Gran Bretagna portarono i combattimenti persino nelle loro colonie e alla fine il conflitto coinvolse molte delle potenze europee. Negli Stati Uniti questa guerra è anche conosciuta come la guerra franco-indiana. Il risultato finale della guerra vide crescere il potere della Gran Bretagna (specialmente nelle sue colonie) e la consacrazione della Prussia come nuova potenza europea. La figura militare di maggiore spicco del conflitto fu certamente quella del re Federico II di Prussia, meglio noto come Federico il Grande. Una delle sue innovazioni più ardite e moderne fu l'ordine di attacco obliquo. Questa manovra venne progettata per portare la maggior parte del suo esercito contro uno dei fianchi del nemico, sconfiggendolo in modo decisivo prima che l'intero esercito nemico potesse organizzarsi.

Nelle 50 pagine di questo secondo volume dedicato alla guerra dei sette anni, troverete centinaia di soldati forniti nella scala standard di 25/28mm che potrete, per solo uso personale, fotocopiare su cartoncino più spesso ed ottenere così armate delle dimensioni desiderate. Sempre agendo sulla stampa potrete, ingrandendo o al contrario riducendo la scala, ottenere soldatini in altre scale da 10mm a 30mm! Resta proibito qualsiasi uso commerciale in quanto il copyright rimane proprietà esclusiva di Soldiershop. Dato il contenuto prezzo di copertina dei nostri volumi potrebbe essere più conveniente per voi ricavare i soldatini direttamente dai nostri libri, specialmente con le nuove edizioni che prevedono i fogli tutti sulle pagine di destra con il retro occupato da testo e non da altri soldati! Quindi cosa aspettate? Indossate le spalline da generale, dotatevi di un capace tavolo, un righello per misurare, un paio di dadi e preparatevi a guidare i vostri eserciti in epiche e appassionanti battaglie della storia.

HOW TO ASSEMBLE YOUR PAPER ARMY AND YOUR DIORAMAS
COME MONTARE LA VOSTRA ARMATA DI CARTA E I VOSTRI DIORAMI

In order to create numerous armies, you can directly use our toy soldiers or, alternatively, photocopy them (only and exclusively for personal use, any other right is excluded). Our sheets have a size of 8x10 inches, (20.3 x 25.4 cm). Our toy soldiers are from 25 mm to 28 mm high. If you want to obtain toy soldiers on a different size from the one provided, you must either reduce them or, on the opposite, enlarge them in scale. We recommend using professional or service copiers that certainly offer better print quality. Our bases come in multiple sizes or fractions of 4 cm long by 2 cm wide (sometimes 1 cm, as with single artillerymen, bushes, accessories etc.). The average length of the cavalry is 8 cm, while for infantry it is 4, 8 or 12 cm. Command or flag sections come in 4 cm bases. The bases for artillery are 4x4 cm.

The uniforms of the eighteenth century were already well codified, the barie nations had a "national" color: dark blue for Prussia, egg white for France, red for Great Britain and Hanover. White for Austria and so on. To broaden the typology of armies involved in the mid-century wars of the enlightenment and if you are skilled artist you can also easily recolor some parts of the tunics and clothing with markers or with acrylic colors, and a brush in the case of dark colors bases.

We recommend using 80 or 100 grams of cardboard, not thicker otherwise you will have some difficulty when cutting, and that's the optimal weight once the glue dries. For what concerns the glue you have many possibilities,

Per favorire la creazione di eserciti numerosi potete utilizzare direttamente i nostri soldatini o in alternativa fotocopiarli (esclusivamente per uso personale, ogni altro diritto è escluso). I nostri fogli sono nel formato 8x10 pollici (20,3 cm x 25,4 cm). I soldatini hanno un'altezza media da 25 mm a 28 mm circa. Se si vogliono ottenere soldatini in scala diversa da quella fornita basterà ridurli o ingrandirli in scala. Consigliamo di utilizzare fotocopiatrici professionali o service che certamente offrono una migliore qualità di stampa. Le basi sono di misure multiple di 4 cm di lunghezza per 2 cm di altezza (1 cm nel caso di artiglieri singoli, cespugli, accessori ecc.). La lunghezza media della base di cavalleria è 8 cm, mentre per la fanteria si usano 4, 8 o 12 cm. Per le sezioni comando o bandiera, o comandante, la base è di 4 cm. Per l'artiglieria sono 4x4 cm.

Le uniformi del XVIII secolo erano già ben codificate, le barie nazioni avevano una soprta di colore "nazionale": Blu scuro per la Prussia, Bianco d'uovo per la Francia, rosso per Gran Bretagna e Hannover. Bianco per Austria e così via. Per allargare la tipologia degli eserciti coinvolti nelle guerre della metà del secolo dei lumi e se siete abili artisti potete anche ricolorare facilmente alcune parti delle tuniche e del vestiario con pennarelli nel caso di fondi di colore chiaro, o con colori acrilici e un pennellino nel caso di base con colori scuri.

I nostri kit di soldatini ed edifici sono generalmente facili da montare. Consigliamo di utilizzare cartoncini di 150/200 grammi per metro, non

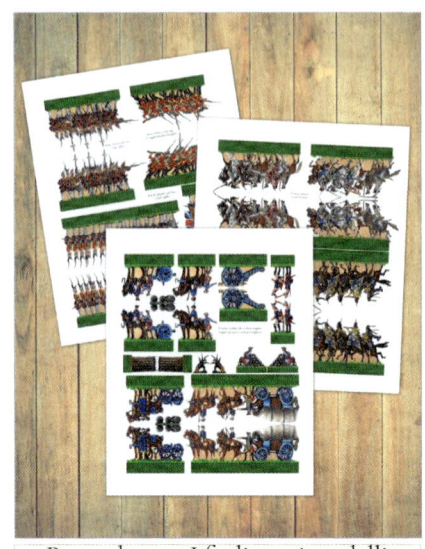

Paper sheets - I fogli con i modelli

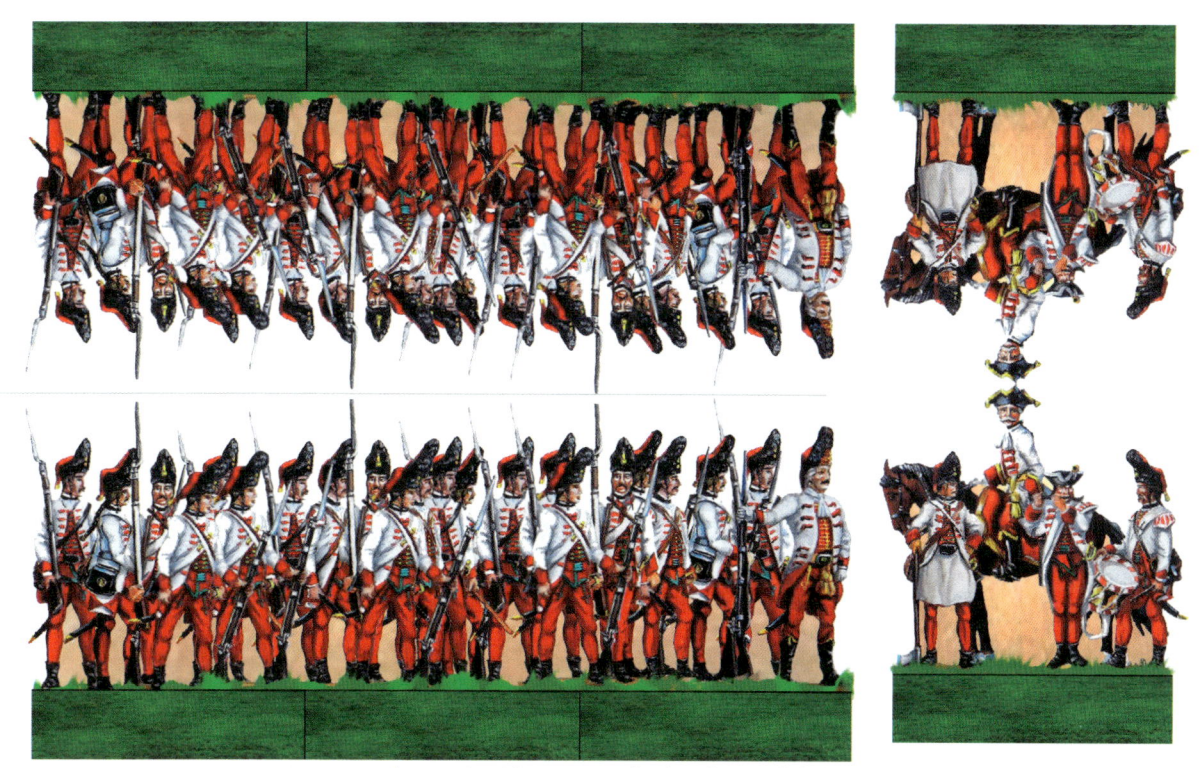

Austrian grendiers standing (above: regt Esterhazy) & advancing (below) with General officers
Granatieri austriaci in linea (sopra regg. Esterhazy) e in avanzata (sotto) con ufficiali generali a cavallo

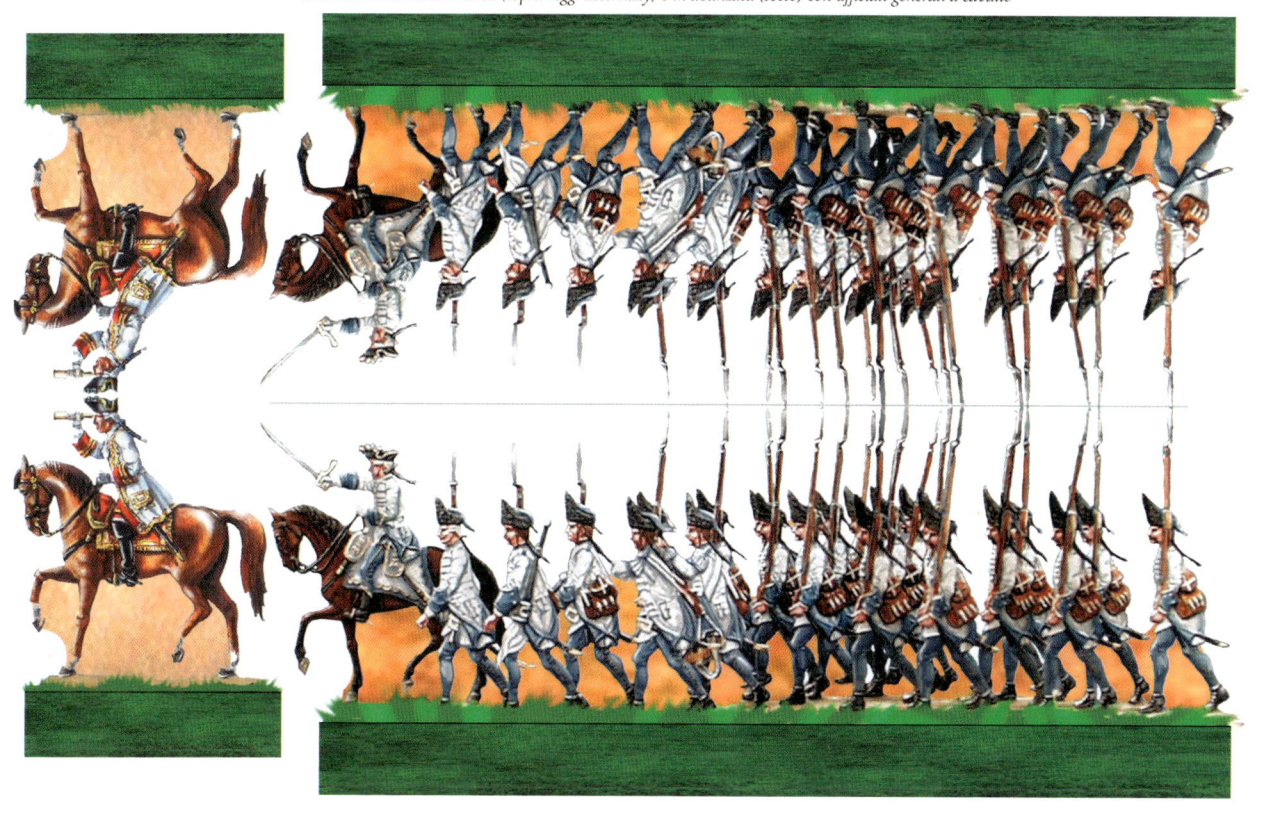

it just depends on your experiences, Vinylic, UHU or glue stick are always indicated. As you can see, our toy soldiers are printed on both sides. This is not a real front and back, as we have chosen to show soldiers moving from right to left or vice versa and rarely in front. However, the result is superb. Each group is generally divided by a thin line that indicates the exact position in which the paper should be folded, perhaps with the help of a ruler, and then glued so to match the two parts, except the bases that should be folded 90 degrees outward. Once the glue is completely dry, weld the two semi-bases onto a heavier cardboard that gives the base its solidity. If you want you can also glue some synthetic grass to the base for an even more realistic effect. In this case we suggest to apply a thin layer of vinyl glue and pour the synthetic grass until it is welded, then blowing away the excess. Once the whole thing is fixed, we must proceed to cut the "white" parts that surround the soldiers and their weapons or flags. Use scissors or cutters for this, depending on the part you have to work with. Also remember to pay attention to the formation of units, following the instructions given in the chapter of tactics or scenarios attached to the book. Therefore, make a number of commanders, generals, command sections and flags proportional to the battalions, squadrons or batteries of cannons of which your army is formed. On the cannon bases remember to put an appropriate number of artillerymen (with base 1 cm).

Making 3D models

In our sheets we offer the possibility of making artillery pieces or carriages in 3D format. If you are not interested we also provide some solutions with "flat" models as the toy soldiers themselves. All models in 3D give a whole different look to the scene or to the diorama you create. They are obviously a bit more complex to assemble but with time you will certainly learn to overcome this obstacle. The greatest difficulties, as well as with the buildings, are with the cannons and wagons. Here you simply have to proceed step by step, welding all the parts stamped in

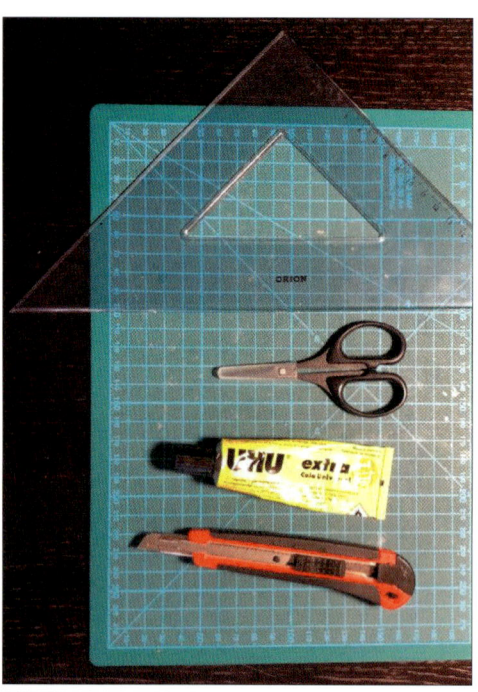

Tools & glue - Attrezzi e colla

più spessi altrimenti sarà più complicato tagliare tutto quanto, e in ogni caso quel peso è l'ideale una volta asciugata la colla. Per quanto riguarda il collante avete molte possibilità, Vinavil, UHU o colle stick sempre pratiche. I nostri soldatini sono stampati su due lati. Tuttavia non si tratta di un vero e proprio fronte retro, dato che abbiamo scelto di mostrare soldati in movimento da destra a sinistra o viceversa e raramente di fronte. In ogni caso il risultato è comunque superbo. Ogni gruppo è generalmente diviso da una sottile linea che indica la esatta posizione in cui la carta va piegata, magari aiutandosi con un righello, e poi incollata in modo da far combaciare le due parti, ad eccezione delle basi che invece vanno piegate di 90 gradi verso l'esterno. Una volta secca la colla saldiamo le due semi basi su un cartoncino più pesante per conferire solidità alla base. Volendo potremmo anche incollare dell'erba sintetica da modellismo alla base per un effetto ancora più realistico. In questo caso suggeriamo di stendere un leggero velo di colla vinilica e versare a pioggia l'erba sintetica finche si salda, soffiando poi via l'eccesso. Una volta saldato il tutto si procederà a tagliare le parti "bianche" che circondano i soldatini e le loro armi o le loro bandiere. Utilizzate per questo forbici o cutter a seconda della pratica che avrete sviluppato. Ricordate anche di prestare attenzione alla formazione delle unità, seguendo le indicazioni fornite nel capitolo delle tattiche o degli scenari allegati nel libro. Pertanto realizzate un numero di comandanti, generali, sezioni comando e bandiere proporzionale ai battaglioni, agli squadroni o alle batterie di cannoni da cui è formato il vostro esercito. Sulle basi dei cannoni incollate un numero adeguato di artiglieri (a base 1 cm).

Realizzare modelli in 3D

Nei nostri fogli offriamo sempre la possibilità di realizzare pezzi d'artiglieria, carriaggi, carrozze anche in formato tridimensionale, fornendo ugualmente anche alcune soluzioni con modelli "piatti" come i soldatini stessi. Tuttavia i modelli in 3D conferiscono tutto un altro aspetto alla scena o al diorama. Sono ovviamente procedimenti un po' più complessi, ma con il tempo imparerete certamente a superare anche questo ostacolo. Le maggiori difficoltà, oltre che con gli edifici, si avranno con i cannoni e con i carri. Qui dovrete semplicemente procedere passo a passo,

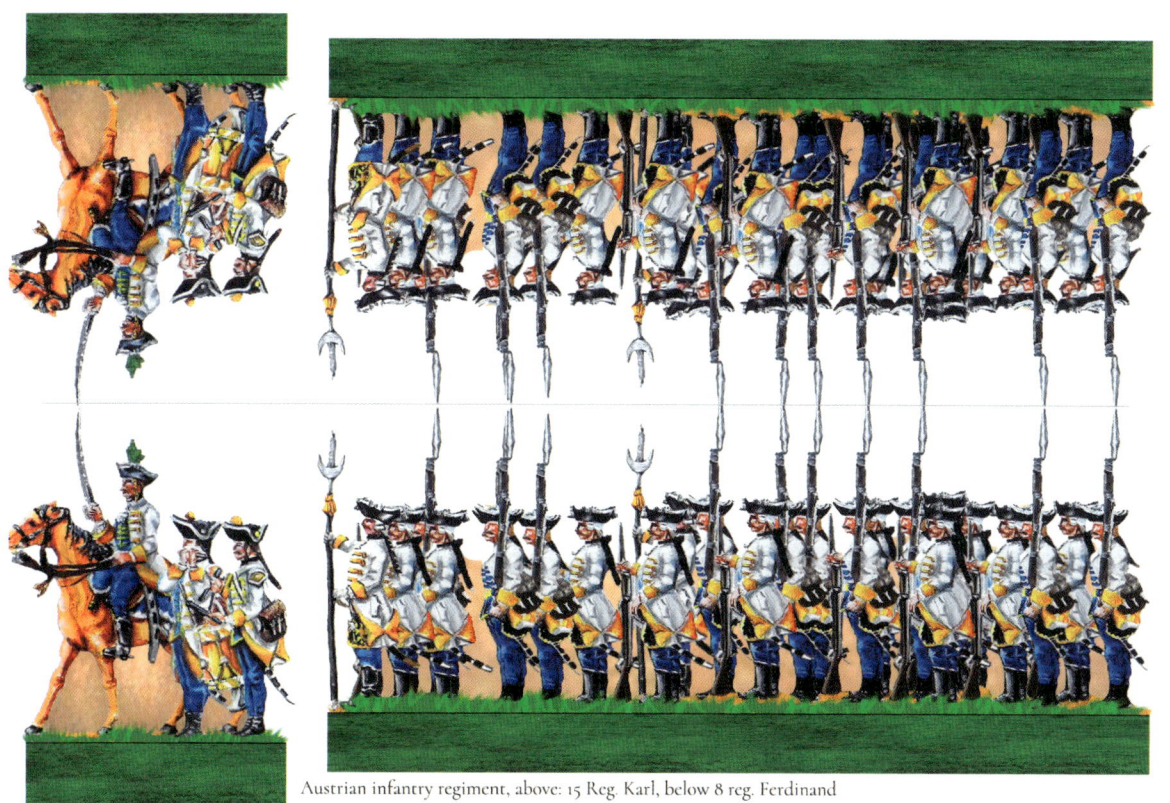

Austrian infantry regiment, above: 15 Reg. Karl, below 8 reg. Ferdinand
Reggimenti di fanteria austriaca: sopra il 15° reg. Karl, sotto l'8° reg. Ferdinand

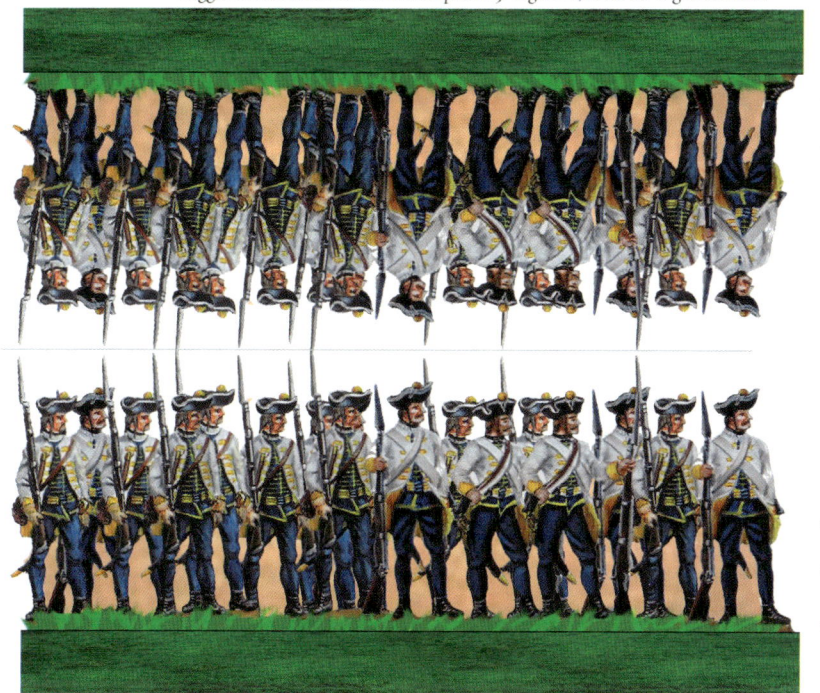

duplicate: cutter, wheels, etc... For the canes of the cannons, use a bodkin or a nail of a certain thickness and roll the rod until you have the desired caliber, then close the ends with the drawings of the breech and the mouth of the cannon. Once the glue has dried, it is time to add the metal rims to the wheels of the cannons and the bands to the frames. Then assemble the piece with the various parts of which it is composed: the shaft, the connecting axes, the wheels and the barrel of the cannon. Finally, the ammunition box. In the same way, proceed to assemble the wagons. For the towing you can decide, if the design of the subject allows it, to make two lines of horses that pull the pieces or wagons. In this case, you should reduce the internal width of the bases of the horses, so to appear proportionate to the piece or wagon that they will have to pull.

For artillery gabions, you will find models in two or three dimensions. In the case of the 3D, roll up the gabion until it matches the two extremes. Glue the white tab, then proceed to insert the cover from above and weld everything on the base to the ground, slightly wider.

Build trees & accessories for dioramas

The process is quite simple. It is better to use slightly thicker cards in this case, avoiding vinyl glues that with their watery base would make the assembly a bit complicated. Given the almost total presence of straight lines, the buildings should be cut with ruler and cutter. We always suggest to use new blades and to cut the lines several times, considering the thickness of the cardboard. Once the walls and perimeters have been cut, proceed to fold all the white tabs 90°. Once obtained the corners you will then proceed to fix the various parts to the white tabs. The diagrams provided in the various pages will certainly help you to understand how to proceed in the assembly. Once the structure is assembled, add all the details such as windows, doors, recesses, etc... Finally, to make the building balance, draw wider base. You can colour the visible part of this base in ground colour and the building is ready. For trees and vegetation proceed in the usual way of toy soldiers and bushes in 2D. Otherwise you can use the same design several times to create trees on three or even four faces in perfect 3D style!

saldando prima di tutto tutte le parti stampate in doppio: affusto e ruote. Per le canne dei cannoni munitevi di un punteruolo o di un chiodo di un certo spessore, e arrotolate la canna fino ad ottenere il calibro desiderato; chiudete poi le estremità con i disegni della culatta e la bocca del cannone. Una volta secca la colla è il momento di aggiungere i cerchioni in metallo alle ruote dei cannoni, e le fasce agli affusti. Assemblate poi il pezzo con le varie parti di cui è composto: affusto, assi di congiunzione, ruote e canna del cannone. Infine la scatola delle munizioni. Allo stesso modo procedete nel montaggio dei carriaggi. Per i traini potete decidere, se il disegno del soggetto ve lo consente, di fare due linee di cavalli che trainano i pezzi o i carri. In questo caso abbiate cura di ridurre la larghezza interna delle basi dei cavalli da tiro in modo da apparire proporzionati al pezzo o al carro che dovranno trainare.

Per i gabbioni d'artiglieria, anche qui avrete a disposizione modelli a due o tre dimensioni. Nel caso del 3D, arrotolate il gabbione fino a farlo combaciare con le due stremità. Incollate la linguetta bianca, poi procedete ad inserire il coperchio dall'alto e a saldare il tutto sulla base a terra, leggermente più larga.

Costruire edifici, alberi e accessori per i diorami

Il procedimento è abbastanza semplice. È meglio utilizzare in questo caso cartoncini leggermente più spessi, evitando colle viniliche che con la loro base acquosa renderebbero il montaggio un po' complicato. Vista la pressoché totale presenza di linee dritte, gli edifici vanno ritagliati con righello e cutter. Consiglio di usare sempre lame nuove e di incidere più volte le linee, visto lo spessore del cartoncino. Una volta tagliate le pareti e i perimetri, procediamo alla piega di tutte le linguette bianche di 90 gradi. Ottenuti gli angoli andranno fissate le varie parti alle linguette bianche. Gli schemi forniti nelle varie pagine vi aiuteranno senz'altro a comprendere come procedere nell'assemblaggio. Una volta montata la struttura aggiungete tutti i particolari come finestre, porte, abbaini e rientranze. Infine, per stabilizzare il tutto, disegnate una base dalla larghezza appena superiore a quella dell'edificio. Potrete colorare la parte visibile di questa base in color terra e l'edificio sarà pronto. Per alberi e vegetazioni procedete nella solita maniera dei soldatini bidimensionali. Altrimenti poterete usare più volte lo stesso disegno per creare alberi su tre o anche quattro facce in perfetto stile 3D!

Engrave and cut - Incidi e taglia

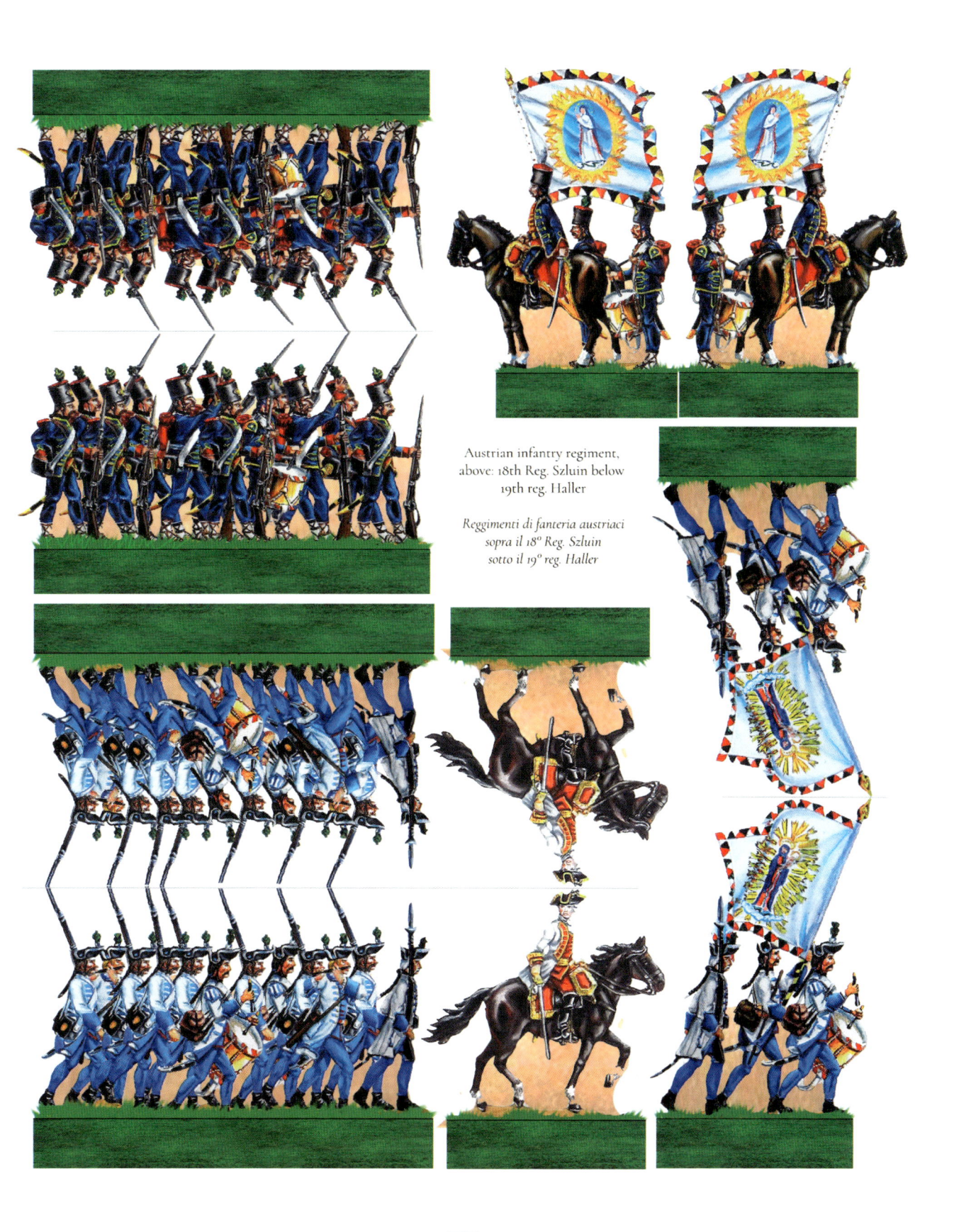

Austrian infantry regiment, above: 18th Reg. Szluin below 19th reg. Haller

Reggimenti di fanteria austriaci sopra il 18° Reg. Szluin sotto il 19° reg. Haller

THE SEVEN YEARS' WAR ERA (1756-1763)
L'EPOPEA DELLA GUERRA DEI SETTE ANNI

The Seven Years' War was a global conflict that took place between 1756 and 1763, arising largely from issues left unresolved by the 1740 to 1748 War of the Austrian Succession. The first was colonial rivalries between Britain and France, particularly in North America and India. The other was a struggle for supremacy between Prussia and Austria, which wanted to regain Silesia after it was captured by Prussia in the previous war.

In a realignment of traditional alliances, known as the 1756 Diplomatic Revolution, Prussia became part of a coalition led by Britain, which included its long-time competitor, Hanover. At the same time, Austria ended centuries of conflict by allying with France, along with Saxony, Spain, Sweden, and Russia, until 1762. Portugal became involved when it was attacked by Spain in 1762, while some smaller German states either joined the war, or supplied mercenaries.

Although Anglo-French skirmishes over their American colonies had begun in 1754, with what became known in the United States as the French and Indian War, the large-scale conflict that drew in most of the European powers was centered on Austria's desire to recover Silesia from Prussia. Churchill defined the conflict as the first real world war. The seven-year war was in fact fought not only on European territory but also in the Americas, Asia and

La guerra dei sette anni si svolse tra il 1756 e il 1763 coinvolgendo tutte le principali potenze europee dell'epoca. Gli opposti schieramenti vedevano da un lato l'alleanza composta da Regno di Gran Bretagna, Regno di Prussia, Elettorato di Hannover, altri Stati minori della Germania nord-occidentale e, dal 1762, il Regno del Portogallo. Sul fronte opposto stava la coalizione composta da Regno di Francia, Impero asburgico, Elettorato di Sassonia e altri Stati dell'impero, Impero russo, Svezia e, dal 1762, anche la Spagna. Francesi e britannici fecero anche ricorso a truppe arruolate tra le popolazioni native dell'India e dell'America settentrionale.

Churchill, definì il conflitto come la prima vera guerra mondiale. La guerra dei sette anni fu infatti combattuta non solo sul territorio europeo ma anche nelle Americhe, in Asia e in Africa occidentale, dove Francia, Gran Bretagna e Spagna avevano i loro possedimenti coloniali. A differenza delle precedenti guerre di successione del XVIII secolo, il conflitto ebbe caratteri tipici della guerra moderna, anticipatori di quelle napoleoniche e del XIX e XX Secolo. Le parti in conflitto si trovarono infatti ad impegnare completamente le proprie risorse. Oltre alla mera occupazione di territori, furono obiettivi primari la distruzione degli eserciti nemici e il dominio commerciale, cui miravano in special modo Gran Bretagna e Francia con la lotta sui mari e nelle colonie.

Austrian irregular border infantry
Austria Soldati di fanteria irregolari confinari

Below Hungarian border Giulay infantry
Sotto reggimento ungherese Giulay confinari

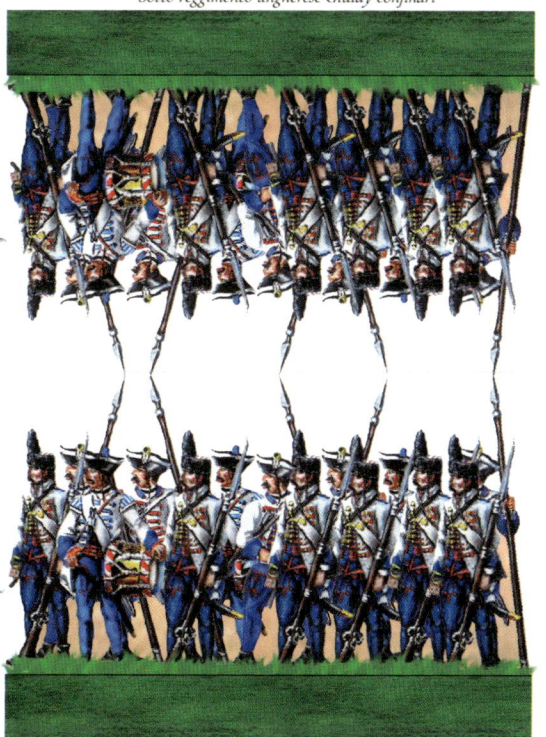

Below Hungarian border infantry at left: Warazdin Creutzer, a right Lycaner
Sotto reggimenti ungheresi confinari: Warazdin Creutzer e a dx Lycaner

West Africa, where France, Great Britain and Spain had their colonial possessions.

The Anglo-Prussian coalition prevailed, and Britain's rise among the world's predominant powers destroyed France's supremacy in Europe, and Prussia confirmed its status as a great power challenging Austria for dominance within Germany, thus altering the European balance of power.

Great Britain was the power that gained most from the conflict. He obtained the control of Canada and all the French colonies located east of the Mississippi River as well as various other territories in India, in the Caribbean in Africa, while Spain was forced to loss the Florida colony; the war marked the definitive decline of French colonialism in North America, making Britain the principal maritime and colonial power. The course of the conflict also confirmed the important role that the Russian Empire had assumed in European politics.

RULES FOR THE GAME OF THE SEVEN YEARS' WAR 1756-1763

The soldiers: those provided in our book are in a 25/28 mm (1/72) scale. You can play wargames with soldiers of different sizes. The choice depends on the player's preferences: the bigger the miniature, more details are required. The scales usually used for wargame are: 15 mm, 20 mm and 25/28 mm. Acting on the scale of the copier you can easily set the figures in the other sizes of 20 mm or 15 mm. The toy soldiers are placed on bases of 4, 8 or 12 cm. In some cases they are on a base of 2 cm(crews of guns, tank drivers, etc.) while rarely they stay on a base of 6 cm. If you choose different measures, make sure to calculate the size indicated in the rules accordingly.

Each 8 cm cavalry base includes 4 to 6 units (toy soldiers). The command base includes 1 or 2 units. Each 12 cm long infantry base counts from 12 to 25 units. The infantry base generally has 4 units. Commanders and single flags count one unit. Each artillery base has one gun and 3 to 5 units. The same applies to wagons.

Formations:

There are only two formations for regular infantry - line and column. The names of these formations can be very confusing for some people. A good tip & tricks are named the formations "firing line" (like a firing squad), and "marching column." Lines may be single or double rank, and may bend. Columns are single company. Units may change formation at the start or end of their movement, but can only change formation once per turn. Cannons units don't have formations.

La guerra si concluse con la stipula di una serie di paci separate tra i vari contendenti. La Gran Bretagna, fu la potenza che guadagnò maggiormente dal Conflitto. Ottene la cessione dell'odierno Canada e delle colonie francesi poste a oriente del fiume Mississippi oltre a vari altri territori in India, nei Caraibi in Africa, mentre la Spagna fu costretta a cedere la colonia della Florida; la guerra segnò il definitivo tramonto del colonialismo francese in America settentrionale, rendendo di fatto la Gran Bretagna principale potenza marittima e coloniale. La Prussia di Federico II ottenne alcuni importanti guadagni politici: il conflitto confermò la cessione ai prussiani della ricca provincia della Slesia, già ottenuta nel corso della precedente guerra di successione austriaca, e sancì l'affermarsi della Prussia come grande potenza continentale in Europa. L'andamento del conflitto confermò anche il ruolo rilevante che nella politica europea aveva oramai assunto l'Impero russo.

REGOLE PER IL GIOCO DELLA GUERRA DEI SETTE ANNI 1756-1763

I soldatini: quelli forniti nel nostro libro sono nella scala in 25/28mm (1/72). A wargame si può giocare con soldatini di diverse dimensioni. La scelta, ovviamente, dipende dai gusti del giocatore: più la miniatura è grande e maggiori sono i dettagli richiesti. Le scale solitamente usate per il wargame sono: il 15mm, il 20mm, il 25/28mm. Agendo sulla scala della fotocopiatrice potrete facilmente quindi scalare le figura anche nelle altre misure di 20 o 15mm. I soldatini sono posti su basi di 4, 8 o 12 cm. In alcuni casi sono su base di 2 (equipaggi dei cannoni, conducenti carri ecc.) in altri rari casi su basi di 6 cm. Nel caso scegliate misure diverse, calcolate le misure indicate nelle regole di conseguenza. Ogni base di cavalleria 8cm conta da 4 a 6 unità (soldatini). La base comando 1 o due unità. Ogni base di fanteria lunga 12cm conta da 12 a 25 unità. La base comando di fanteria generalmente su 4 unità. Comandanti e bandiere singole contano una unità. Ogni base di artiglieria conta un cannone e da 3 a 5 unità. Idem per i carriaggi.

Formazioni:

Ci sono solo due formazioni per la fanteria di linea: in linea o in colonna. I nomi di queste formazioni possono confondere qualcuno meno esperto. Un buon trucco che permettere di capire meglio è definirli: formazioni "linea di fuoco" e formazioni "colonna in marcia". Le linee possono essere a fila singola o doppia e possono piegarsi. Le colonne sono una singola fila. Le unità possono cambiare formazione all'inizio o alla fine del loro movimento, ma possono cambiare formazione solo una volta per turno.

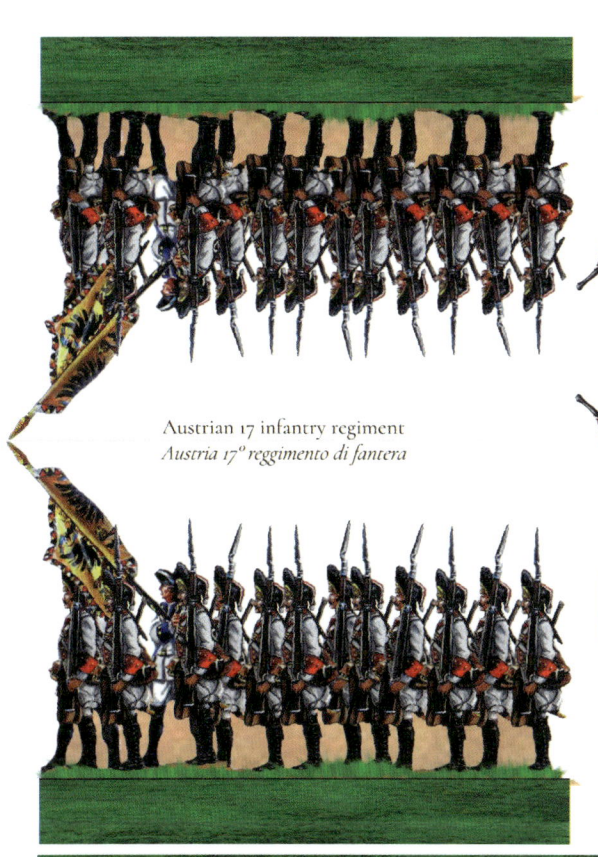

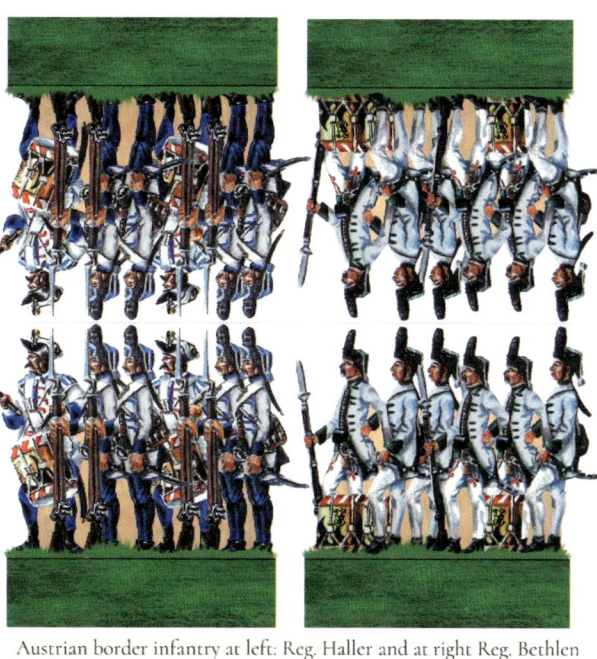

Austrian 17 infantry regiment
Austria 17° reggimento di fantera

Austrian border infantry at left: Reg. Haller and at right Reg. Bethlen
Austria Soldati di fanteria confinari. Regg. Haller a sinistra e Bethlen a destra

Below Austrian regiment of infantry Loudon
Sotto reggimento austriaco fanteria Loudon

Deployment:

The armies of the time generally sided with infantry in the middle and cavalry on their wings. The artillery cannons were placed in the front line and also around the regimental formations.

With the term **Pru-UK** we refer to the Anglo Prussian side, **Fra-Aus-Rus** the opposing side to refer also to all their allies.

Game sequence:

Roll of dice to know who has the right to move first. Only six-sided dice are used in the game.

1. Prussians Move
2. Prussians Shoot
3. Austrians Move
4. Austrians Shoot
5. Charges
6. Melees

Movement:

Regular Infantry can move 15 cm (6") if they are in line formation or 25 cm (10") if they are in column formation. Cavalry and Commanders may move 30 cm (12"). Cannons can move 30 cm (12") but may not fire on a turn when it was moved. A cannon which has moved and cannot fire should point away from the enemy. Cannons can pivot in place during movement and still fire. Units may not move within 2,5 cm (1") of an enemy unit except when charging. Cavalry can not move into the woods or built up areas.

Fire:

Infantry that are in line formation and artillery that didn't move this turn may fire. Range is measured from the center of a unit to the nearest part of the target unit. Units may only fire to the front and may not fire through narrow gaps between friendly units.

Cannon can fire over the heads of friendly infantry if the friendly infantry are closer to the cannon than the enemy targeted. Roll one die per infantry base or four dice per cannon. The chart indicates the number needed for a hit. Remove one base for each hit rolled by the firing unit. It takes three hits in the same turn to remove a cannon. Note that you only use the 1" firing column when shooting at a charging unit. If a unit is reduced to a single surviving base then the last base is immediately removed. Units in column are good targets. Roll two extra dice when shooting at columns. Targets in the woods or built up areas receive protection from enemy fire- Units in the woods that are shot at by enemy infantry get saving throws. Roll 1D6 for each hit, ignore the hit if the saving roll is a 5 - 6. There are no saves against cannon fire

Dispiegamento:

Gli eserciti dell'epoca si schieravano generalmente con la fanteria al centro e la cavalleria sulle ali. I cannoni erano posizionati in prima linea e anche attorno alle formazioni reggimentali. Col termine **Pru-UK** facciamo riferimento alla schieramento anglo prussiano, **Fra-Aus-Rus** lo schieramento avversario a fare da riferimento anche a tutti i loro alleati.

Sequenza di gioco:

Lancio di dadi per sapere chi ha il diritto a muovere per primo. Nel gioco vengono utilizzati solo dadi a sei facce.

1. Movimento delle truppe Pru-UK
2. Le truppe Pru-UK fanno fuoco
3. Movimento delle truppe Fra-Aus-Rus
4. Le truppe Fra-Aus-Rus fanno fuoco
5. Cariche
6. Mischia

Movimento:

La fanteria di linea può muovere di 15 cm (6 ") se in linea o di 25 cm (10") se posta in colonna. Cavalleria e comandanti possono muovere di 30 cm (12 "). I cannoni possono muoversi di 30 cm (12 ") ma non possono sparare in un turno quando vengono mossi. I cannoni possono ruotare in posizione durante il movimento e sparare ancora. Le unità non possono muoversi in un raggio di 2,5 cm (1 ") da un'unità nemica, tranne quando caricano. La cavalleria non può muoversi nei boschi o nelle aree edificate.

Fuoco:

La fanteria in formazione di linea e l'artiglieria che non si è mossa in un turno possono sparare. Il raggio viene misurato dal centro di un'unità alla parte più vicina dell'unità bersaglio. Le unità possono sparare solo in avanti e non possono sparare attraverso spazi ristretti tra unità amiche. I cannoni possono sparare sopra le teste delle proprie fanterie a meno che le unità siano più vicine al bersaglio che al cannone che fa fuoco.

Tira un dado per base di fanteria o quattro dadi per cannone. Nella tabella a Pag. 18 sono riportati i valori necessari. Rimuovi una base per ogni colpo andato a segno. Ci vogliono tre colpi utili nello stesso turno per rimuovere un cannone. Se un'unità viene ridotta a una singola base, questa base viene immediatamente rimossa. Le unità poste in colonna sono ottimi obiettivi. Lancia due dadi extra quando spari alle colonne. I bersagli nei boschi o nelle aree costruite ricevono protezione dal fuoco nemico: le unità nei boschi colpite dalla fanteria nemica possono fare tiri salvezza. Tira 1 dado per ogni colpo, ignora il colpo se il tiro salvezza è 5 - 6. Non ci sono protezioni contro il fuoco dei cannoni all'interno del bosco. Le unità nelle aree costruite sono invece protette dalla fanteria e dal fuoco

Austrian cuirassiers
Corazzieri austriaci

Austrian dragoons: left Regt. Kolowrat, below from left Regt. Savoy, Regt. Althan and Regt. Bayreuth.

Dragoni austriaci: sin. Reg. Kolowrat, sotto da sinistra Reg. Savoy, Reg. Althan e Reg. Bayreuth.

from within the woods. Units in the built up areas are protected from infantry and cannon fire. Roll 1D6 for each hit, ignore the hit if the saving roll is a 5 - 6. Cannons and cavalry are not allowed into the woods.

Charges:

Both units (infantry & cavalry) may charge during the charge phase. Cavalry can charge 30 cm (12"), infantry can charge 15 cm (6"). Cannons do not charge. A unit may not declare a charge unless it is in line formation and can reach an enemy unit.. A player may measure to see if a unit is within charge range. One enemy unit must be chosen as the target of the charge. A unit that wishes to charge must first pass a morale check. If the unit fails moral nothing happens, it cannot charge this turn. If the unit passes its morale check then the target must pass a morale check. If the target fails it loses one base and immediately retreats 30 cm (12"), the charging unit is moved into the position vacated by the retreating target unit. If artillery is the target and it fails morale it is eliminated. If the target passes the morale check it has the option of firing at the chargers or counter charging. If the unit counter charges the two units meet in the middle and fight a melee. If the target decides to fire at the chargers it does so at a range of 15 cm (6"). If the charging unit survives the fire it moves into contact with the target and they fight a melee. If a unit has to take a morale check Roll one die and add any modifiers. If the roll is less than or equal to the number of bases (plus a commander if one is present), then it has passed. If the role is greater then it fails. Cannons pass on a roll of four. If the target is a Guard's unit or cavalry calculate a -1 to dice result.

Melee:

If a charging unit contacts an enemy unit there will be a melee. Each side rolls a die and applies the modifiers on chart at pag. 18. High roll wins. The loser removes a stand and retreats 30 cm (12"). If the roll is a tie each side removes a stand and rolls again. A cannon counts as three bases in melee.

Commanders:

A Commander may join or leave one of his units during movement. This unit gets a +1 bonus on all melee rolls and the officer counts as a base when testing morale. Every time a unit with an attached commander is completely eliminated by enemy fire (last base removed), or is engaged in a melee (win or lose) roll one die. If the roll is a 6 the commander is a casualty and is removed from play. This is the only way a commander can be eliminated.

dei cannoni. Tira 1 dado per ogni colpo, ignora il colpo se il tiro salvezza è un 5 - 6. Cannoni e cavalleria non sono ammessi nei boschi.

Cariche:

Sia la fanteria che la cavalleria possono caricare durante la fase di carica. La cavalleria può caricare entro 30 cm (12 "), la fanteria può caricare entro 15 cm (6"). I cannoni non caricano. Un'unità non può dichiarare una carica a meno che non sia in linea e si trovi nel raggio di un'unità nemica. Un giocatore può verificare se si trova nel raggio di carica. Un'unità nemica deve essere scelta prima come bersaglio della carica. Un'unità che desidera caricare deve prima passare un controllo del morale. Se l'unità fallisce il morale non succede nulla ma non può caricare nel turno. Se l'unità passa il controllo del morale, il bersaglio deve a sua volta passare un controllo del morale. Se il bersaglio fallisce perde una base e si ritira di 30 cm (12 "), l'unità che carica occupa la posizione lasciata libera dall'unità in ritirata. Se una unità di artiglieria è il bersaglio e fallisce il morale viene eliminata. Se il bersaglio supera il controllo del morale ha la possibilità di sparare a chi carica o di fare una contro carica! Se si opta per una contro carica le due unità si incontrano e combattono una mischia. Se il bersaglio decide invece di sparare ai caricanti, lo fa a calcolando gli effetti di una distanza di 15 cm (6 "). Se l'unità che carica sopravvive al fuoco nemico i due avversari combattono una mischia. Per fare un controllo morale, tira un dado e aggiungi eventuali valori di modifica. Se il tiro è inferiore o uguale al numero di basi impegnate (più un comandante se presente), allora il morale è passato. Se tiro del dado è maggiore, allora fallisce. I cannoni passano un tiro di quattro. Se il bersaglio è un'unità della Guardia o di cavalleria calcolare un risultato di -1 per calcolare il morale..

Mischia:

Se un'unità in carica il nemico si ha una mischia. Ogni giocatore lancia un dado e applica i valori in tabella a pag. 18. Vince il tiro più alto. Il perdente rimuove un supporto e si ritira di 30 cm (12 "). Se il tiro è un pareggio, ogni giocatore rimuove un supporto e tira di nuovo il dado. Un cannone conta come tre basi in mischia.

Comandanti:

Un comandante può unirsi o lasciare una delle sue unità durante il movimento. Questa unità ottiene un bonus di +1 su tutti i tiri di mischia e l'ufficiale conta come base quando prova il morale. Ogni volta che un'unità con un comandante viene attaccato e viene poi completamente eliminata dal fuoco nemico (ultima base rimossa), o viene ingaggiata in una mischia (vinci o perdi) tira un nuovo dado. Se il tiro è 6, il comandante è colpito e viene rimosso dal gioco. Questo è l'unico modo per eliminare un comandante.

Austrian hussars: from above left Trenk's panduren Regt. Esterhazy, and Regt. Kalnocy
Below from left: Regt. Szechenyi and Regt. Barnyay

*Ussari austriaci: opra da sinistra panduri di Trenk Reg. Esterhazy, e Reg. Kalnocy
Sotto da sinistra: Reg. Szechenyi e Reg. Barnyay*

WARGAME TABLES

Movements overview	
Unit	Movement
Cavalry and Commanders	30 cm (12")
Infantry in line	15 cm (6")
Infantry in column	25 cm (10")
Cannons	30 cm (12")
Cannons cannot shoot if they move	

Shooting range overview			
Unit	Range	Dice per Stand	To Hit
Infantry & Cavalry	Just 15 cm (6")	1	5 or 6
Infantry	Just to 30 cm (12")	1	6
Cannons	Just 15 cm (6")	4	4, 5 or 6
Cannons	Just to 30 cm (12")	4	6
If the target is in column add two dice			

Melee die roll modifiers	
Unit	
Defending built area, More stands than opponent	+1
Commanders, Guard infantry, cavalry	+1
Cannon or column formations	-1

Bibliography and web sources:
- *Rossbach and Leuthen 1757* by Simon Millar, Osprey Campaign
- *L'esercito prussiano di Federico il Grande* - Luca Cristini Soldiershop Bergamo 2017

Alternative Italian and English rules:
Honours of War. Wargame Rules for the Seven Years War, from Osprey Publishing
- *Warfare in the Age of Reason* - 3rd Edition: Miniature Rules for the 18th Century from Marlborough to Washington, Caliver B.

TABELLE WARGAME

Riepilogo movimenti	
Unità	Movimenti
Cavalleria e comandanti	30 cm (12")
Fanteria in linea	15 cm (6")
fanteria in colonna	25 cm (10")
Cannoni	30 cm (12")
I cannoni in movimento o spostamento non sparano	

Riepilogo tiro-fuoco			
Unità	Distanza	Dado da sei	Colpito con
Fanteria e Cavalleria	fino a 15 cm (6")	1	5 o 6
Fanteria	fino a 30 cm (12")	1	6
Cannoni	fino a 15 cm (6")	4	4, 5 o 6
Cannoni	fino a 30 cm (12")	4	6
Se il bersaglio è una colonna di fanteria raddoppiare il tiro dei dadi			

Riepilogo mischia - modifiche al risultato dei dadi	
Unità	
Difensori in edifici, maggiori unità dell'avversario	+1
Comandanti, Guardia o cavalleria	+1
Cannoni o formazioni in colonna	-1

Bibliografia e risorse web
- *Rossbach and Leuthen 1757* by Simon Millar, Osprey Campaign
- *L'esercito prussiano di Federico il Grande* - Luca Cristini Soldiershop Bergamo 2017

Regole alternative in italiano e inglese:
Honours of War. Wargame Rules for the Seven Years War, edito da Osprey Publishing
- *Warfare in the Age of Reason* - 3rd Edition: Miniature Rules for the 18th Century from Marlborough to Washington, Caliver Book.
- *Smooth & Rifled* (in italiano), copre il periodo dal 1700 al 1900, pubblicato da Dadi e Piombo e acquistabile on line

Austrian Empress maria Theresa and ADC
L'imperatrice Maria Teresa e suo staff

Austrian major staff at left General Wied, an ADC and Arciduke Karl, another ADC
Stato maggiore austriaco: Da sinistra il gen. Wied, un ADC, L'arciduca Carlo, un'altro generale

Austrian artillery and staff
Artiglieria austriaca e comando

FRENCH, AUSTRIAN AND RUSSIAN ARMY LIST AND COMMENTS
GLI ESERCITI FRANCESI, AUSTRIACI E RUSSI NEL 1756-1763

THE ARMY OF ANCIEN REGIME

By the end of the War of the Austrian Succession, Louis XV had decided to reform his army to reduces expenses. By a decree dated March 10 1749, 18 French regiments and several foreign regiments had been disbanded. All battalions were reduced from 15 to 13 companies including a grenadier company and the number of colours carried by each battalion was reduced to a single one, the colonel colour being carried by the first fusilier company of the first battalion. The 42 grenadier companies of the disbanded regiments were amalgamated into a single regiment: the Grenadiers de France.

Maison du Roi
  Gardes du corps
  Cent-Suisses
  Gardes de la porte
  Gardes de la prévôté
  Gendarmes de la Garde

L'ESERCITO DELL'ANCIEN REGIME

Alla fine della guerra di successione austriaca, Luigi XV aveva deciso di riformare il suo esercito per ridurre le spese. Con un decreto del 10 marzo 1749, 18 reggimenti francesi e diversi reggimenti stranieri vennero sciolti. Tutti i battaglioni furono ridotti da 15 a 13 compagnie, compresa una compagnia di granatieri, e il numero di bandiere portate da ogni battaglione fu ridotto ad uno solo, con la bandiera del colonnello portata dalla prima compagnia di fucilieri del primo battaglione. Le 42 compagnie di granatieri dei reggimenti sciolte furono accorpate in un unico reggimento: i Granatieri di Francia.

Maison du Roi
  Gardes du corps
  Cent-Suisses
  Gardes de la porte
  Gardes de la prévôté
  Gendarmi della Garde

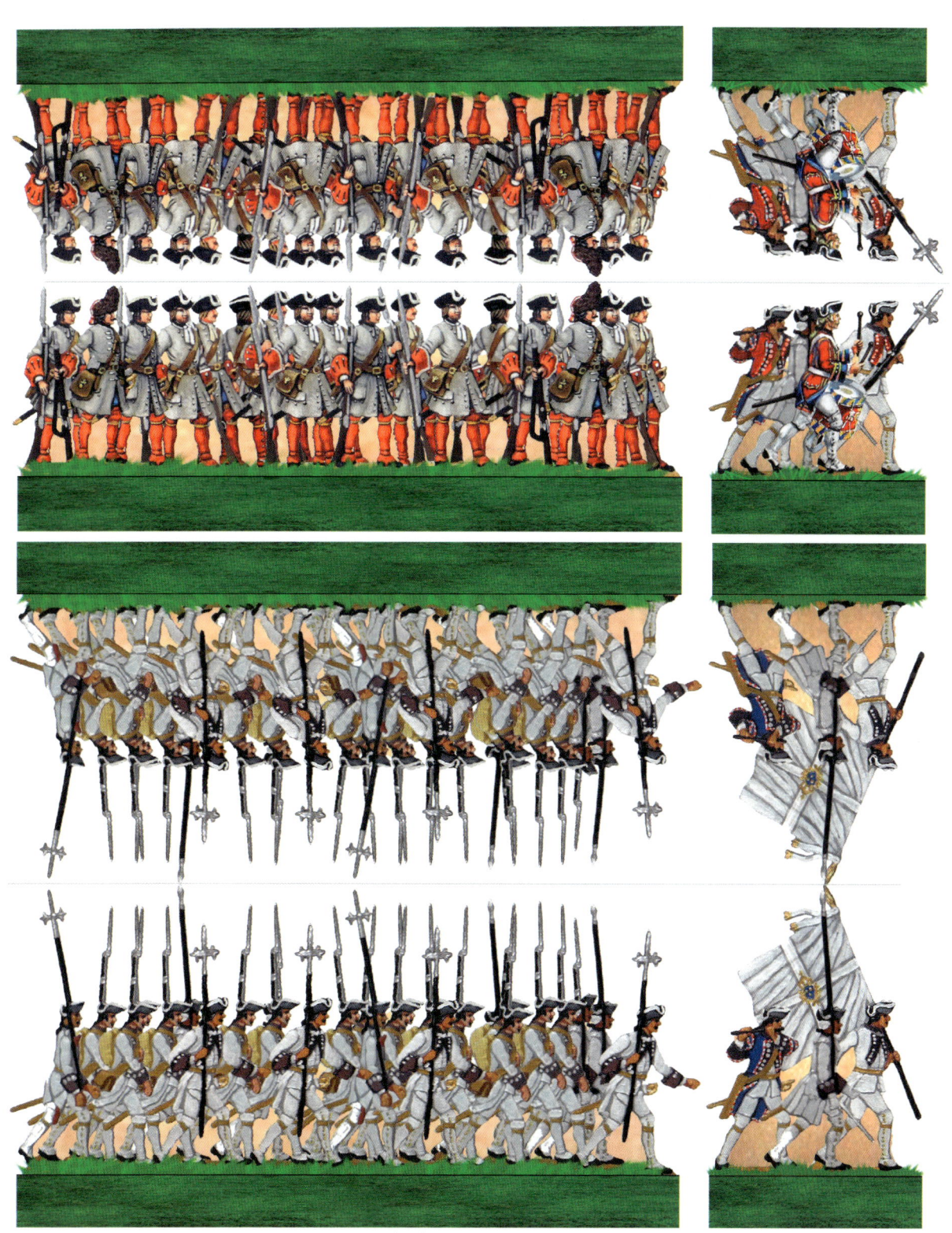

French infantry Regiment Auvergne
Fanteria francese Reggimento Auvergne

Chevau-légers de la Garde
Mousquetaires de la Garde
Grenadiers à cheval
Gardes Françaises
Gardes Suisses

Line infantry
112 French regiment, 8 German regiment, 6 Irish regiment, 2 Italian regiment, 2 Liegeois regiment, 2 Scottish regiments, 5 Swiss regiment. it was never used as a numbering system to identify these regiments.

Other regiments: Troupes de la Marine
Even though the Compagnies Franches de la Marine and Hallwyl both administratively belonged to the Navy, we have also listed them hereafter because they were in fact land units acting in conjunction with other French line infantry regiments.
Colonial Compagnies Franches de la Marine
Hallwyl (a Swiss regiment)
Canonniers-Bombardiers de la Marine

These troops were deployed in North America and in the West Indies.

Troupes de la Compagnie des Indes
The Compagnie des Indes was authorized to raise its own troops for the defense of its trading posts. For the period of the Seven Years' War, the following units are documented:
Bataillon de l'Inde
Volontaires de Bussy
Volontaires de Kerjean
Volontaires de Vincent
Cipayes (Indian Sepoys)

Militia
11 Grenadier Royaux regiment and Milices colonials (Canada) about 13.000 men.

Heavy Cavalry
13 reg. of Gendarmerie de France
25 regiments royal or prince
32 other regiment
3 German, 1 Irish, 1 Liegeois, 1 corse regiments.

Light cavalry
4 hussar regiments
17 dragoon regiments

Artillery

Engineers

Light troops
22 legion/regiment and other simple company.

Chevau-légers de la Garde
Mousquetaires de la Garde
Granatieri a cheval
Gardes Françaises
Gardes Suisses

Fanteria di linea
112 reggimenti francesi, 8 reggimenti tedeschi, 6 reggimenti irlandesi, 2 reggimenti italiani, 2 reggimenti di Liegi, 2 reggimenti scozzesi, 5 reggimenti svizzeri. Nessuna numerazione era prevista per identificare i reggimenti.

Altri reggimenti: Troupes de la Marine
Anche se le Compagnie Franche de la Marine e Hallwyl appartenevano entrambe amministrativamente alla Marina, le abbiamo elencate qui perché in realtà erano unità terrestri che agivano in congiunzione con altri reggimenti di fanteria di linea francesi.
Compagnie Coloniali Franche de la Marine
Hallwyl (un reggimento svizzero)
Canonniers-Bombardiers de la Marine

Queste truppe operavano in Nord America e nelle Indie Occidentali.

Truppe della compagnia delle Indie
La Compagnie delle Indie era autorizzata a radunare le proprie truppe per la difesa dei suoi commerci. Per il periodo della Guerra dei Sette Anni, sono documentate le seguenti unità:
Bataillon de l'Inde
Volontaires de Bussy
Volontaires de Kerjean
Volontaires de Vincent
Cipayes (Sepoys indiani)

Milizia
11 Reggimento dei Granatieri Royaux e coloniali di Milices (Canada) circa 13.000 uomini.

Cavalleria pesante
13 reggimenti della Gendarmeria di Francia
25 reggimenti reali o principi
32 altro reggimento
3 tedeschi, 1 irlandese, 1 Liegi, 1 reggimento corsari.

Cavalleria leggera
4 reggimenti ussari
17 reggimenti di dragoni

Artiglieria
Genio militare

Truppe leggere
22 Legioni /reggimenti e altre unità.

Artillery gun base
Basi per pezzi d'artiglieria

Artillery guns of the XVIII century - Cannoni in uso durante la guerra ei sette anni

Note to assembly - *Note di montaggio*

A-B Wheels and trail - *Ruote e affusti*
C-D Cannon cane & rump - *Cannone*
E-F-G Cannon barrel - *Parti del cannone*
H-K Gun & Wheel tyres - *Rinforzi metallici*
J Ammunition holder - *Porta munizioni*

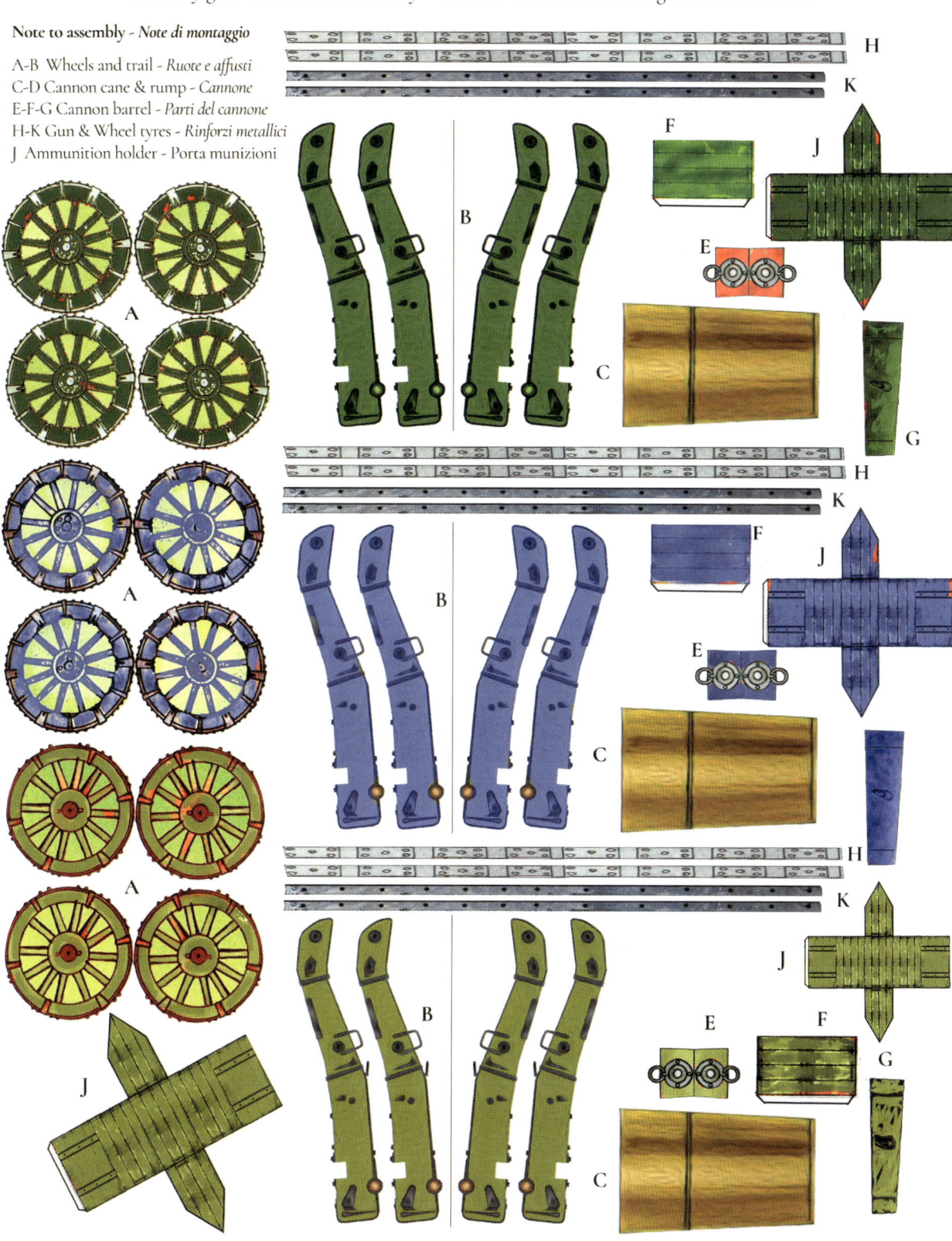

AUSTRIAN ARMY

In the summer of 1756, the Empress-Queen's line infantry counted for 55 regiments. 39 being 'Imperial' – or so entitled 'German Regiments', the others being referred to as 'National Regiments' of which 10 were Royal Hungarian – including the single battalion Slavonian regiment, 5 National-Netherlander, and 2 National-Italian. The Hungarians were distinguished from the German regiments by different uniforms which included more elements of their 'national dress', while the Netherlander and Italian regiments were dressed in 'Western European' style, completely similar to the 'German' regiments. During the Seven Years' War, only 2 additional regiments were raised.

Line infantry

39 Imperial regiments
11 Hungarian regiments
5 Netherlands regiments
2 Italian regiments.

Cavalry

The Imperial or Austrian army fielded a total of 18 regiments of cuirassier. In 1756, each regiment formed in 6 squadrons and 1 company of elites called 'carabineers'. Along with the dragoons and later raised or converted chevauxlegers, they are referred to as the army's 'German cavalry' whereas the hussars were called the army's 'Hungarian' cavalry.

The Austrian army fielded a total of 12 regiments of dragoons. Each regiment formed 6 squadron and 1 company of elite 'horse grenadiers'. Along with the cuirassier, they are referred to as the armies 'German cavalry' whereas the hussars were entitled the armies 'Hungarian' cavalry. 2 additional regiments had been raised only during the war. Both with a somewhat different organization. This was the *Stabs-Dragoner* in 1758 and the Löwenstein chevauxlegers, initially raised within the former de Ligne dragoons the same year but becoming a regiment of its own in 1759.

In 1756 the regular 'Hungarian' cavalry of the Austrian army fielded a total of 10 regiments that were each to form 5 squadrons in wartime. During the winter of 1756-57, two new regiments were raised for a total of 12 regiments

Artillery
Engineers
Light troops

As for the line infantry regiments, grenadiers of the 11 *Grenz-Infanterie* units were converged into ad hoc battalions. However, they seem to have been employed mostly as elite light troops. Only in some extreme cases would they fight among the elite line infantry battalions.
4 regiment of Grenz hussars

ESERCITO AUSTRIACO

Nell'estate del 1756, la fanteria di linea dell'imperatrice regina contava 55 reggimenti. 39 erano "Imperiali" - o così si chiamavano i "Reggimenti tedeschi", gli altri erano chiamati "Reggimenti nazionali", di cui 10 erano reggimenti reali ungheresi - tra cui il reggimento/battaglione di Slavonia, 5 nazionali-olandesi e 2 nazionali-italiani. Gli ungheresi si distinguevano dai reggimenti tedeschi per le diverse uniformi che comprendevano più elementi del loro "abito nazionale", mentre i reggimenti olandesi e italiani erano vestiti in stile "europeo occidentale", del tutto simili ai reggimenti "tedeschi". Durante la Guerra dei Sette Anni, solo altri due reggimenti furono levati.

Fanteria di linea

39 Reggimenti imperiali
11 reggimenti ungheresi
5 reggimenti olandesi
2 reggimenti italiani.

Cavalleria

L'esercito imperiale o austriaco schierava un totale di 18 reggimenti di corazzieri. Nel 1756, ogni reggimento era su 6 squadroni e 1 compagnia di élite chiamata 'carabinieri'. Insieme ai dragoni e più tardi ai chevauxlegers, essi sono chiamati la "cavalleria tedesca" dell'esercito, mentre gli ussari erano chiamati la cavalleria "ungherese" dell'esercito.

L'esercito austriaco schierò un totale di 12 reggimenti di dragoni. Ogni reggimento aveva 6 squadroni e una compagnia di granatieri d'elite. Insieme ai corazzieri, essi sono chiamati gli eserciti "cavalleria tedesca", mentre gli ussari si chiamavano "cavalleria ungherese". Altri 2 reggimenti furono levati durante la guerra. Entrambi con un'organizzazione un po' diversa. Si trattava degli Stabs-Dragoner nel 1758 e dei Löwenstein chevauxlegers, arruolati inizialmente all'interno degli ex dragoni de Ligne nello stesso anno, ma divenuti un reggimento a sé stante nel 1759.

Nel 1756 la cavalleria regolare "ungherese" dell'esercito austriaco schierò un totale di 10 reggimenti che in tempo di guerra dovevano formare 5 squadroni ciascuno. Durante l'inverno del 1756-57, due nuovi reggimenti furono levati per un totale di 12 reggimenti

Artiglieria
Genio militare
Truppe leggere

Per quanto riguarda i reggimenti di fanteria di linea, i granatieri delle 11 unità della fanteria di linea furono convertiti in battaglioni ad hoc. Tuttavia, sembrano essere stati impiegati per lo più come truppe leggere d'elite. Solo raramente combattevano tra i battaglioni di fanteria di linea.
4 reggimenti degli ussari di Grenz

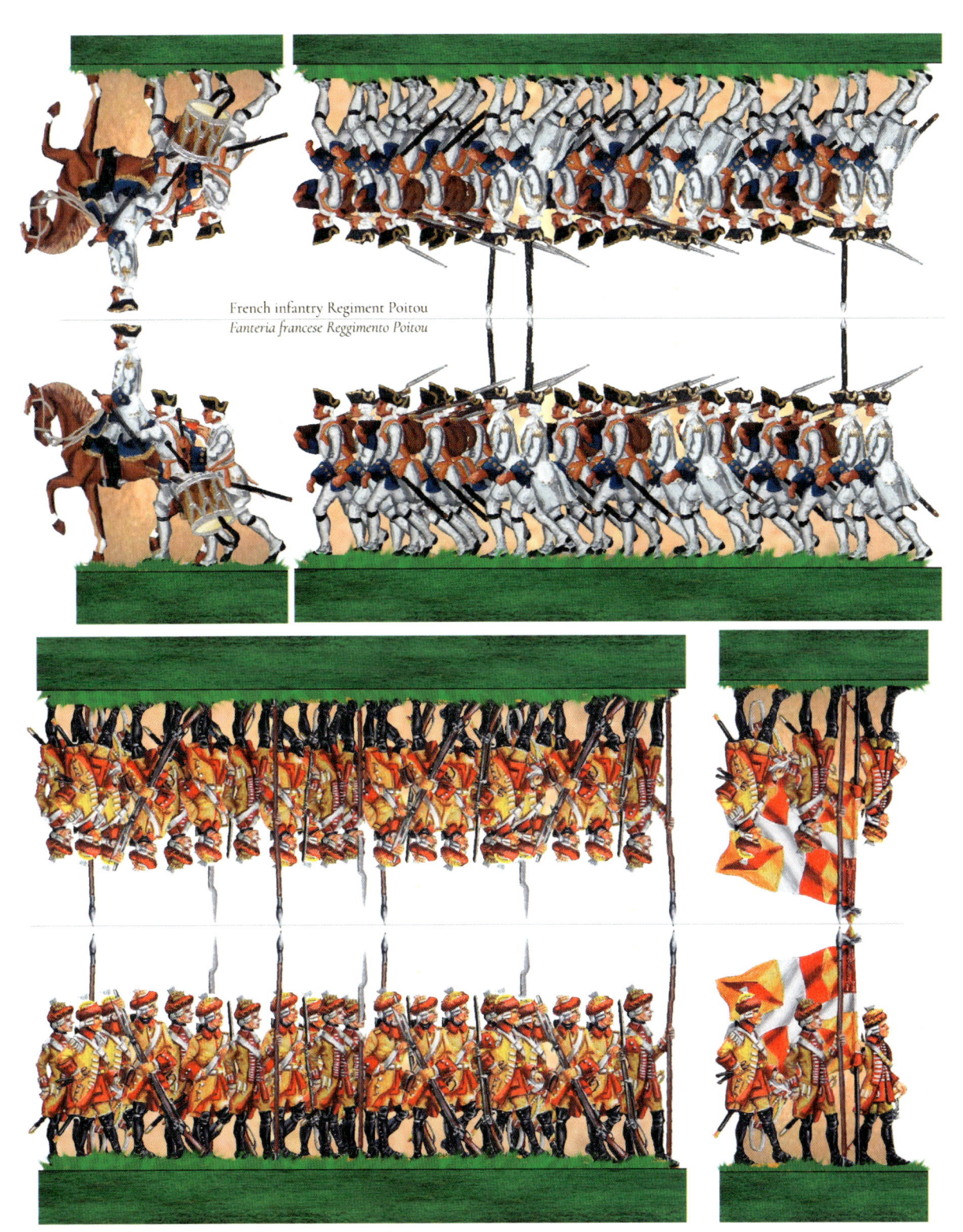

French infantry Regiment Poitou
Fanteria francese Reggimento Poitou

French infantry Regiment Clermont
Fanteria francese Reggimento Clermont

Banat militia

German free korps on 3 regiment

Netherlands free corps on 4 company

Mercenary troops in Austrian service
5 regiments

RUSSIAN ARMY

Guard
Horse Guard
Preobrazhenskiy Leib-Guard
Semyonovskiy Leib-Guard
Izmailovskiy Leib-Guard

Infantry
4 grenadier regiments and 46 line regiments
Observation corps based on 1 grenadier regiment and five musketeer regiments.

Milizia del Banato

German free korps su 3 reggimenti

Free korps olandese su 4 compagnie

Truppe mercenarie al servizio dell'Austria
5 reggimenti

ESERCITO RUSSO

Guardia
Guardia a cavallo
Preobrazhenskiy Leib-Guard
Semyonovskiy Leib-Guard
Izmailovskiy Leib-Guard

Fanteria
4 reggimenti granatieri e 46 reggimenti di linea
Corpo di osservazione basato su un reggimento di granatieri e cinque reggimenti di moschettieri.

French infantry Regiment Le Roi
Fanteria francese Reggimento Le Roi

French infantry Regiment Penthievre
Fanteria francese Reggimento Penthievre

Garrison infantry

There were 20 *"Ostzeiskiy"* (Ostsee/Baltic) garrison regiments stationed in the area of the Baltic. They were garrisoning fortresses along the western frontier of Russia.
27 Inner garrison regiments were primarily used for police duty in the inner regions of Russia.
Other 3 independent garrison regiments.

Cavalry

6 heavy cavalry regiments, 14 dragoon regiments and 7 dragoon garrison cavalry regiments.
12 Hussar regiments.

Irregular cavalry

Most Cossacks were subordinated to the Military Collegium. In reports, they are listed as irregular forces. As per the 1755 report, they counted a total of 35,204 men including in 14 regiments.
Other 7 irregular Cossacks cavalry

Militia

20 Ukrainian regiments, 4 Trans Kama regiments (3 mounted and one foot)

Artillery
Engineer

Light troops

3 Pandur regiments and one Jäger regiment

SAXON ARMY

In 1756, the army in Saxony amounted to 12 infantry regiments in 25 battalions, 8 cavalry regiments in 32 squadrons, 5 companies of artillery, 8 companies of garrison troops, and the smallish cadres of 4 *Kreis-Regimenter* (provincial militia) for a total of some 21,200 men. Furthermore, 4 cavalry regiments (Karabiniersgarde and 3 regiments of *Chevauxlegers*) with some 2,300 men and 2 *Pulks* (bands) of Tartar *Hoffahnen* (court-banners) with some 876 men were stationed in Poland in 1756,

Royal Household and special formations

Adeliges Kadettenkorps
Chevaliergarde
Schweizerleibgarde (Swiss Lifeguards)

Infantry

13 infantry regiments and 7 grenadier battalions

Cavalry

Two cavalry guard, 6 cuirassier regiments, 4 light dragoon regiments, 2 uhlanen tartars regiments and one mounted jäger regiment.

Artillery
Garrison troops and Militia

On 4 Kreis regiments

Fanteria di guarnigione

C'erano 20 reggimenti di guarnigione "Ostzeiskiy" (Ostsee/Baltic) di stanza nella zona del Baltico. Erano di guarnigione delle fortezze lungo la frontiera occidentale della Russia. 27 reggimenti di guarnigione interna erano usati per il servizio di polizia nelle regioni interne della Russia.
Altri 3 reggimenti di guarnigione indipendenti.

Cavalleria

6 reggimenti di cavalleria pesante, 14 reggimenti di dragoni e 7 reggimenti di cavalleria di guarnigione di dragoni.
12 reggimenti ussari.

Cavalleria irregolare

La maggior parte dei cosacchi erano subordinati al Collegium militare. Nei rapporti, sono elencati come forze irregolari. Secondo il rapporto del 1755, essi contavano un totale di 35.204 uomini, su 14 reggimenti.
Altri 7 reggimenti erano cosacchi irregolari

Milizia

20 reggimenti ucraini, 4 reggimenti Trans Kama (3 a cavallo e uno di fanteria)

Artiglieria
Genio militare

Truppe leggere

3 reggimenti di Panduri e un reggimento di Jäger

ESERCITO SASSONE

Nel 1756, l'esercito della Sassonia contava 12 reggimenti di fanteria in 25 battaglioni, 8 reggimenti di cavalleria in 32 squadroni, 5 compagnie di artiglieria, 8 compagnie di guarnigione e i 4 Kreis-Regimenter (milizia provinciale) per un totale di circa 21.200 uomini. Inoltre, 4 reggimenti di cavalleria (Karabiniersgarde e 3 reggimenti di Chevauxlegers) con circa 2.300 uomini e 2 Pulks (bande) di Tartar Hoffahnen (vessilli di corte) con circa 876 uomini erano di stanza in Polonia nel 1756,

Casa Reale e formazioni speciali

Adeliges Kadettenkorps
Chevaliergarde
Schweizerleibgarde (Guardie Svizzere)

Fanteria

13 reggimenti di fanteria e 7 battaglioni granatieri

Cavalleria

Due reggimenti guardie, 6 reggimenti di corazzieri, 4 reggimenti di dragoni leggeri, 2 reggimenti di ulani tartari e un reggimento di jäger a cavallo.

Artiglieria
Truppe di guarnigione e Milizia

Su 4 reggimenti di Kreis

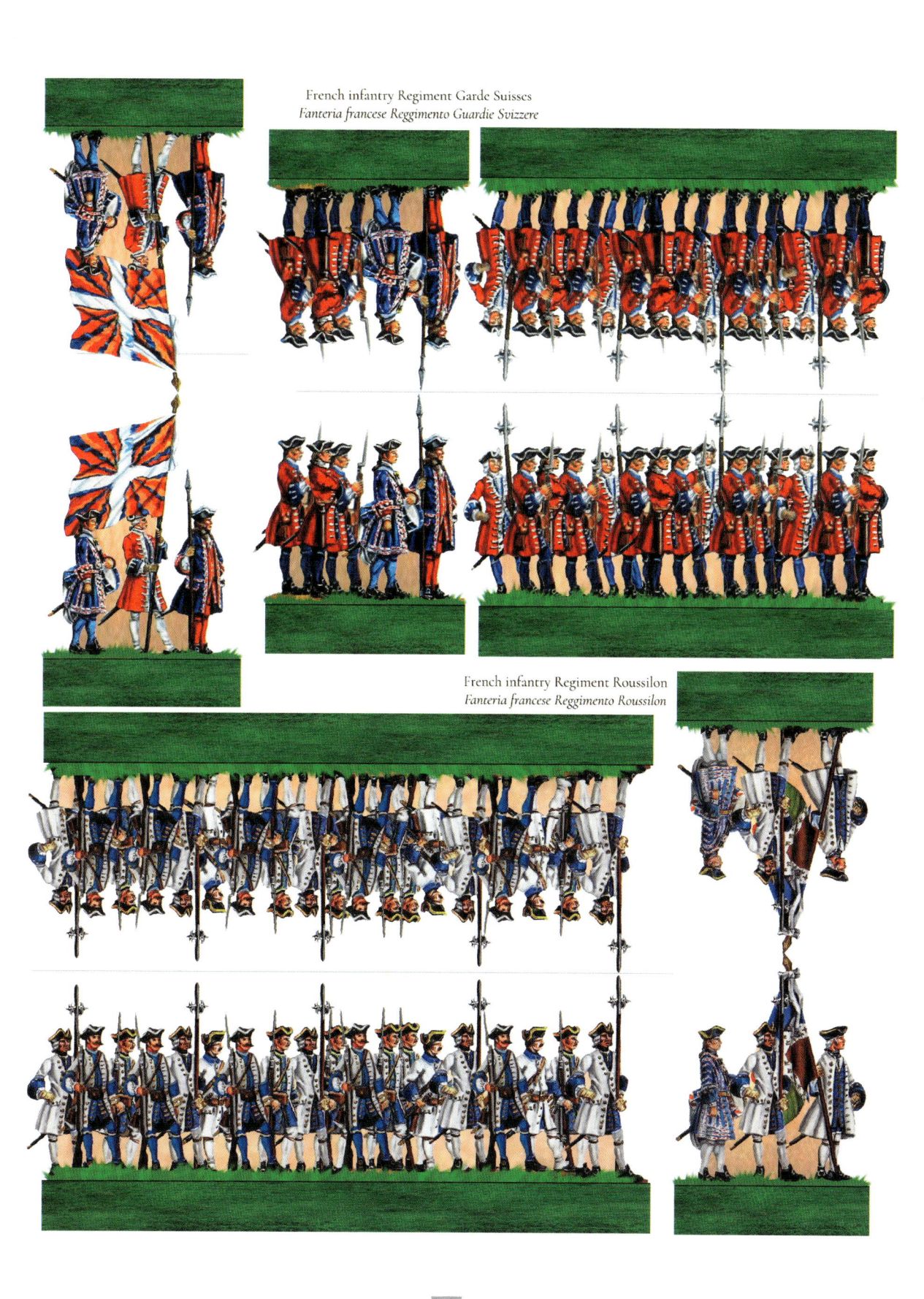

French infantry Regiment Garde Suisses
Fanteria francese Reggimento Guardie Svizzere

French infantry Regiment Roussilon
Fanteria francese Reggimento Roussilon

SCENERY FOR THE SEVEN YEARS' WAR
SCENARI PER LE GUERRA DEI SETTE ANNI 1756-1763

SCENERY FOR THE BATTLE OF KUNESDORF OF 12TH AUGUST OF 1759

The Battle of Kunersdorf occurred on 12 August 1759 near Kunersdorf (Kunowice), immediately east of Frankfurt an der Oder (the second largest city in Prussia). The battle involved over 100,000 men. An Allied army commanded by Pyotr Saltykov and Ernst Gideon von Laudon that included 41,000 Russians and 18,500 Austrians defeated Frederick the Great's army of 50,900 Prussians.

The terrain complicated battle tactics for both sides, but the Russians and the Austrians, having arrived in the area first, were able to overcome many of its difficulties by strengthening a causeway between two small ponds. They had also devised a solution to Frederick's deadly modus operandi, the oblique order. Although Frederick's troops initially gained the upper hand in the battle, the sheer number of Allied troops gave the Russians and Austrians an advantage. By afternoon, when the combatants were exhausted, fresh Austrian troops thrown into the fray secured the Allied victory.

This was the only time in the Seven Years' War that the Prussian Army, under Frederick's direct command, disintegrated into an undisciplined mass. With this loss, Berlin, only 80 kilometers (50 mi) away, lay open to assault by the Russians and Austrians. However, Saltykov and Laudon did not follow up on the victory due to disagreement. Only 3,000 soldiers from Frederick's original 50,000 remained with him after the battle, although many more had simply scattered and rejoined the army within a few days. This represented the penultimate success of the Russian Empire under Elizabeth of Russia and was arguably Frederick's worst defeat.

Prussian Order of Battle

Commander-in-chief: Frederick II King of Prussia Summary: 63 battalions and 110 squadrons (including detachments)

Right wing
Lieutenant-general von Schorlemmer Division
   Schmettau Brigade

SCENARIO DELLA BATTAGLIA DI KUNESDORF DEL 12 AGOSTO 1759

La battaglia di Kunersdorf si svolse il 12 agosto 1759 nei pressi di Kunersdorf (Kunowice), immediatamente a est di Francoforte sull'Oder (la seconda città più grande della Prussia). La battaglia coinvolse oltre 100.000 uomini. Un esercito alleato comandato da Pyotr Saltykov e Ernst Gideon von Laudon che comprendeva 41.000 russi e 18.500 austriaci sconfisse l'esercito di Federico il Grande composto da 50.900 prussiani.

Il terreno complicava le tattiche di battaglia per entrambe le parti, ma i russi e gli austriaci, arrivati per primi nella zona, riuscirono a superare molte delle loro difficoltà rafforzando una strada rialzata tra due piccoli stagni. Avevano anche escogitato una soluzione al terribile modus operandi di Federico: l'ordine obliquo. Anche se inizialmente le truppe di Federico presero il sopravvento nella battaglia, il maggior numero delle truppe alleate diede un vantaggio ai russi e agli austriaci. Nel pomeriggio, quando i combattenti erano esausti, le truppe austriache fresche gettate nella mischia si assicurarono la vittoria alleata.

Questa fu l'unica volta nella Guerra dei Sette Anni che l'esercito prussiano, sotto il diretto comando di Federico, si disintegrò in una massa indisciplinata. Con questa sconfitta, Berlino, a soli 80 chilometri (50 miglia) di distanza, si aprì all'assalto di russi e austriaci. Tuttavia, Saltykov e Laudon non approfittarono della vittoria a causa di disaccordi. Solo 3.000 soldati dei 50.000 iniziali di Federico rimasero con lui dopo la battaglia, anche se molti erano semplicemente dispersi e si ricongiunsero all'esercito nel giro di pochi giorni. Questo rappresentò la peggiore sconfitta di Federico.

Ordine prussiano di battaglia

Comandante in capo: Federico II Re di Prussia
Esercito composto da 63 battaglioni e 110 squadroni (più supporto)

Ala destra
Lieutenant-general von Schorlemmer Division
   Schmettau Brigade

French irregular infantry in Canada
fanteria francese irregolare in Canadà

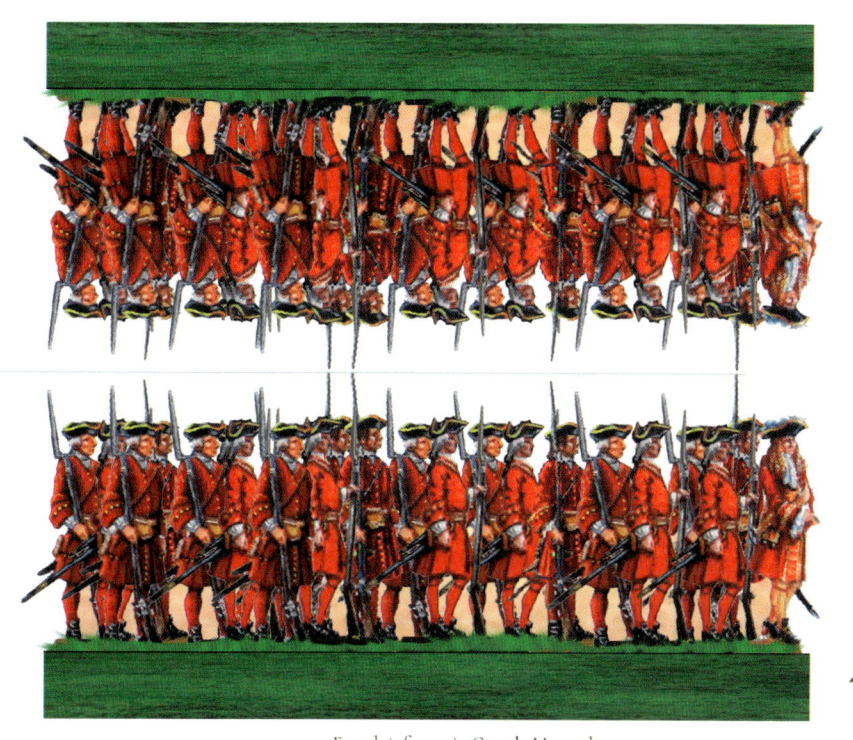

French infantry in Canada Montcalm
fanteria francese in Canadà sotto Montcalm

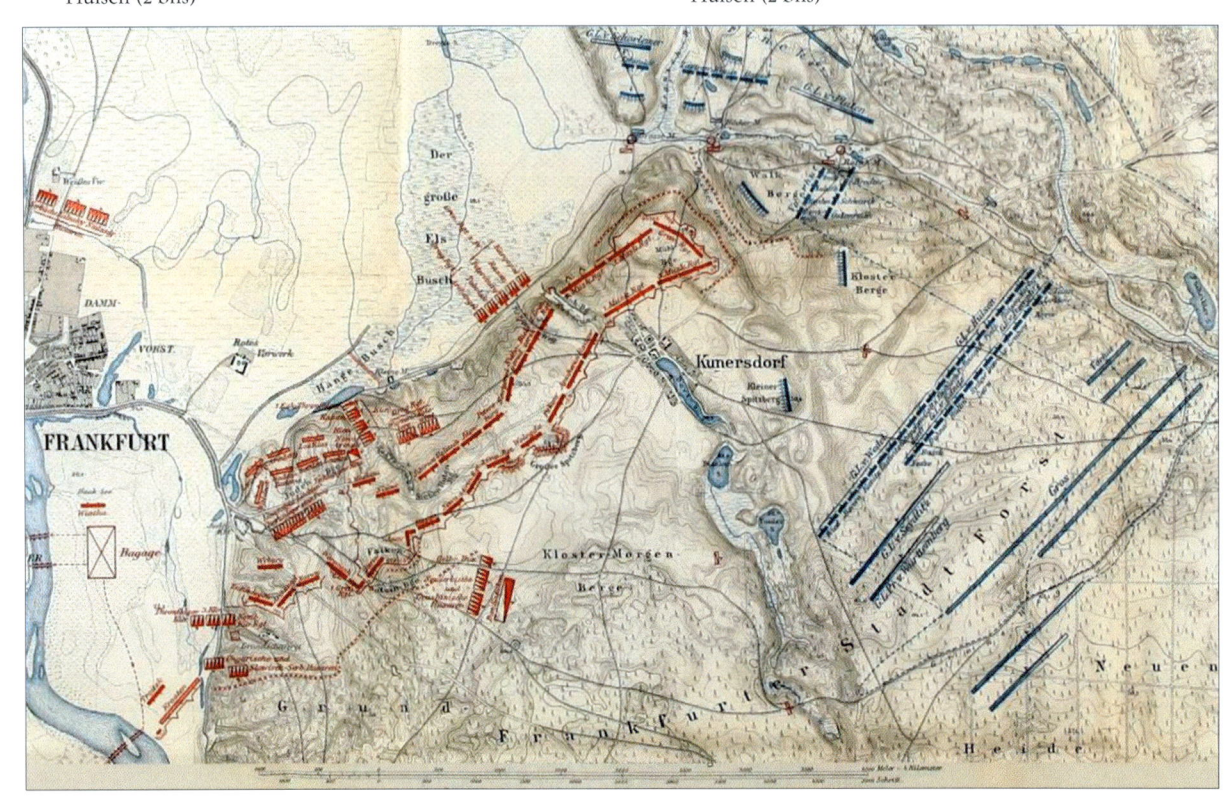

    Leib-Regiment zu Pferde (3 sqns)
    Schlabrendorff Cuirassiers (3 sqns)
Major-general von Platen Division
  Puttkamer Brigade
    Puttkamer "White" Hussars (10 sqns)
  Spaen Brigade
    Krockow Dragoons (5 sqns)
    Alt-Platen Dragoons (5 sqns)
Major-general von Meinicke Division
  Light cavalry Brigade
    Zieten Hussars (5 sqns)
    Möhring Hussars (6 sqns)
  Heavy cavalry Brigade
    Spaen Cuirassiers (5 sqns)
    Meinicke Dragoons (5 sqns)

Centre right

Schenckendorff Brigade
  Gren. 5/20 Billerbeck (1 bn)
  Gren. 7/30 Lubath (1 bn)
  Gren. 19/25 Heyden (1 bn)
  Gren. 13/26 Bornstaedt (1 bn)
von Lindstedt Brigade
  Bredow Fusiliers (2 bns)
  Gren. 35/36 Schwarz (1 bn)
  Gren. 29/31 Östenreich (1 bn)
Lieutenant-general Hülsen Division
  Thile Brigade
    Markgraf Carl (2 bns)
    Hülsen (2 bns)

    Leib-Regiment zu Pferde (3 sqns)
    Schlabrendorff Cuirassiers (3 sqns)
Major-general von Platen Division
  Puttkamer Brigade
    Puttkamer "White" Hussars (10 sqns)
  Spaen Brigade
    Krockow Dragoons (5 sqns)
    Alt-Platen Dragoons (5 sqns)
Major-general von Meinicke Division
  Light cavalry Brigade
    Zieten Hussars (5 sqns)
    Möhring Hussars (6 sqns)
  Heavy cavalry Brigade
    Spaen Cuirassiers (5 sqns)
    Meinicke Dragoons (5 sqns)

Centro (piazzato a destra)

Schenckendorff Brigade
  Gren. 5/20 Billerbeck (1 bn)
  Gren. 7/30 Lubath (1 bn)
  Gren. 19/25 Heyden (1 bn)
  Gren. 13/26 Bornstaedt (1 bn)
von Lindstedt Brigade
  Bredow Fusiliers (2 bns)
  Gren. 35/36 Schwarz (1 bn)
  Gren. 29/31 Östenreich (1 bn)
Lieutenant-general Hülsen Division
  Thile Brigade
    Markgraf Carl (2 bns)
    Hülsen (2 bns)

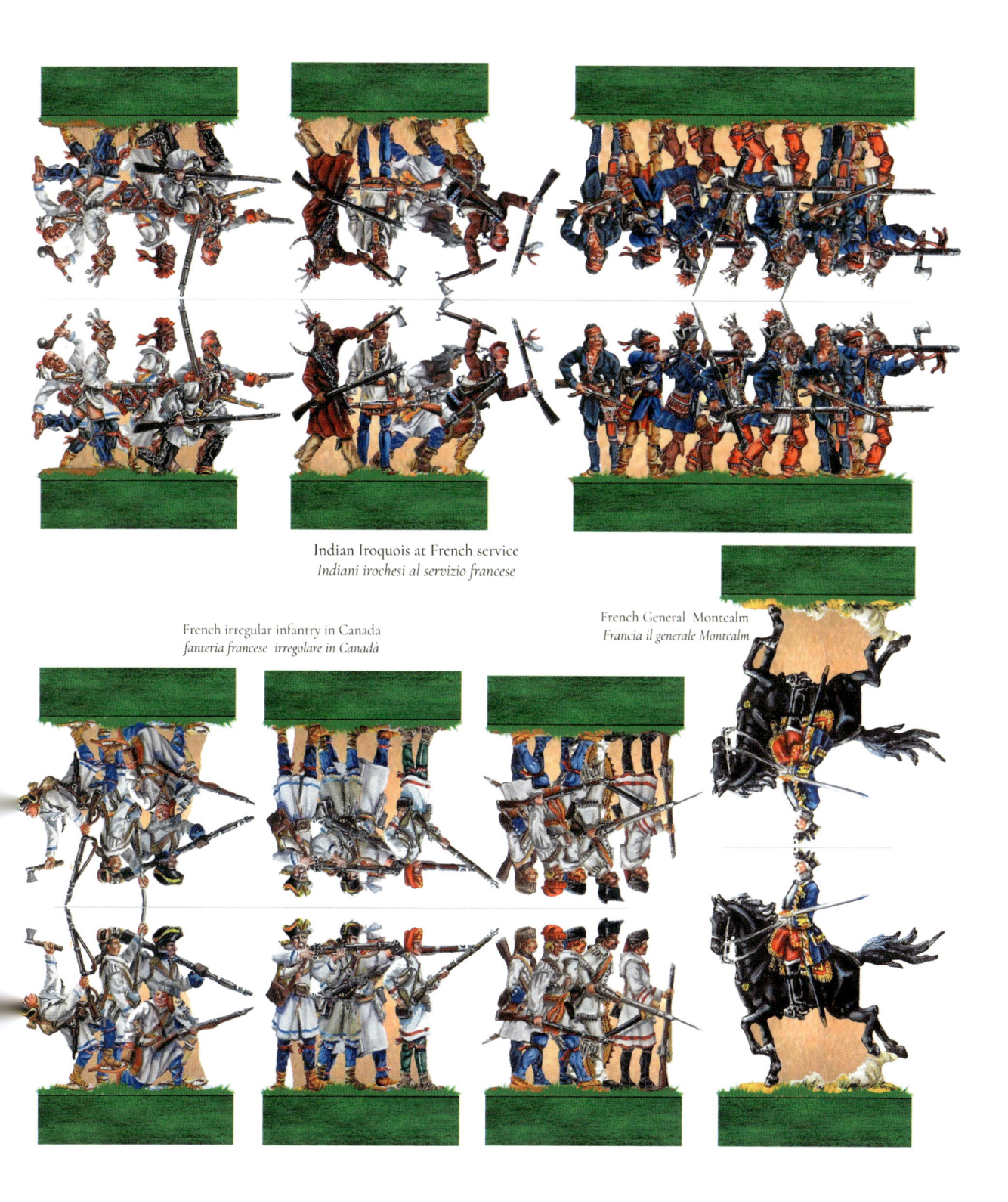

Indian Iroquois at French service
Indiani irochesi al servizio francese

French irregular infantry in Canada
fanteria francese irregolare in Canadà

French General Montcalm
Francia il generale Montcalm

    Knobloch Brigade
        Finck (2 bns)
        Prinz Heinrich von Preußen Fusiliers (2 bns)
        Vacant Wedel (2 bns)
    Lieutenant-general Itzenplitz Division
        Grabow Brigade
            Gren. 17/22 von der Tann (1 bn)
            IV. Standing Grenadier Battalion von Lossau (1 bn)
            Gren. 11/14 Beyer (1 bn)
            Grabow Fusiliers (2 bns)

Centre Left
Lieutenant-general von Wedel Division
    Jung-Stutterheim Brigade
        Goltz (2 bns)
        Jung-Schenckendorff (2 bns)
        Lestwitz (2 bns)
    Diericke Brigade
        Kanitz (2 bns)
        Braunschweig-Bevern (2 bns)
        Wied Fusiliers (2 bns)
Lieutenant-general Kanitz Division
    Itzenplitz Brigade
        Diericke Fusiliers (2 bns)
        Garrison Regiment V Jung-Sydow (2 bns)
        Bülow Fusiliers (2 bns)
    Rebentisch Brigade
        Graf zu Dohna (2 bns)
        VI. Standing Grenadier Battalion von Busche (1 bn)
        Gren. 2/G-II Nesse (1 bn)
Lieutenant-general von Finck Division
    Klitzing Brigade
        Lehwaldt (2 bns)
        Zastrow Fusiliers (2 bns)
        Braun Fusiliers (2 bns)
        Hauss Fusiliers (2 bns)

Left Wing
Lieutenant-general Eugene von Wurttemberg Division
    Schlabrendorff Brigade
        Horn Cuirassiers (5 sqns)
        Markgraf Friedrich von Brandenburg Cuirassiers (5 sqns)
    Major-general Horn Brigade
        Prinz von Preußen Cuirassiers (5 sqns)
Lieutenant-general Platen Division
    von Spaen Brigade
        Schorlemmer Dragoons (10 sqns)
        Kleist Hussars (10 sqns)
        Kleist Frei-Husaren (1 sqdn)
    von Ascherleben Brigade
        Jung-Platen Dragoons (5 sqns)
        Belling Hussars (5 sqns)

Detachment protecting the bridges near Goritz
    Graf Flemming Brigade
        Wunsch Brigade

Detachment on the left bank of the river Oder near Lebus
    von Malachowski Brigade
        Malachowski Hussars (7 sqns)
        Ruesch Hussars (6 sqns)

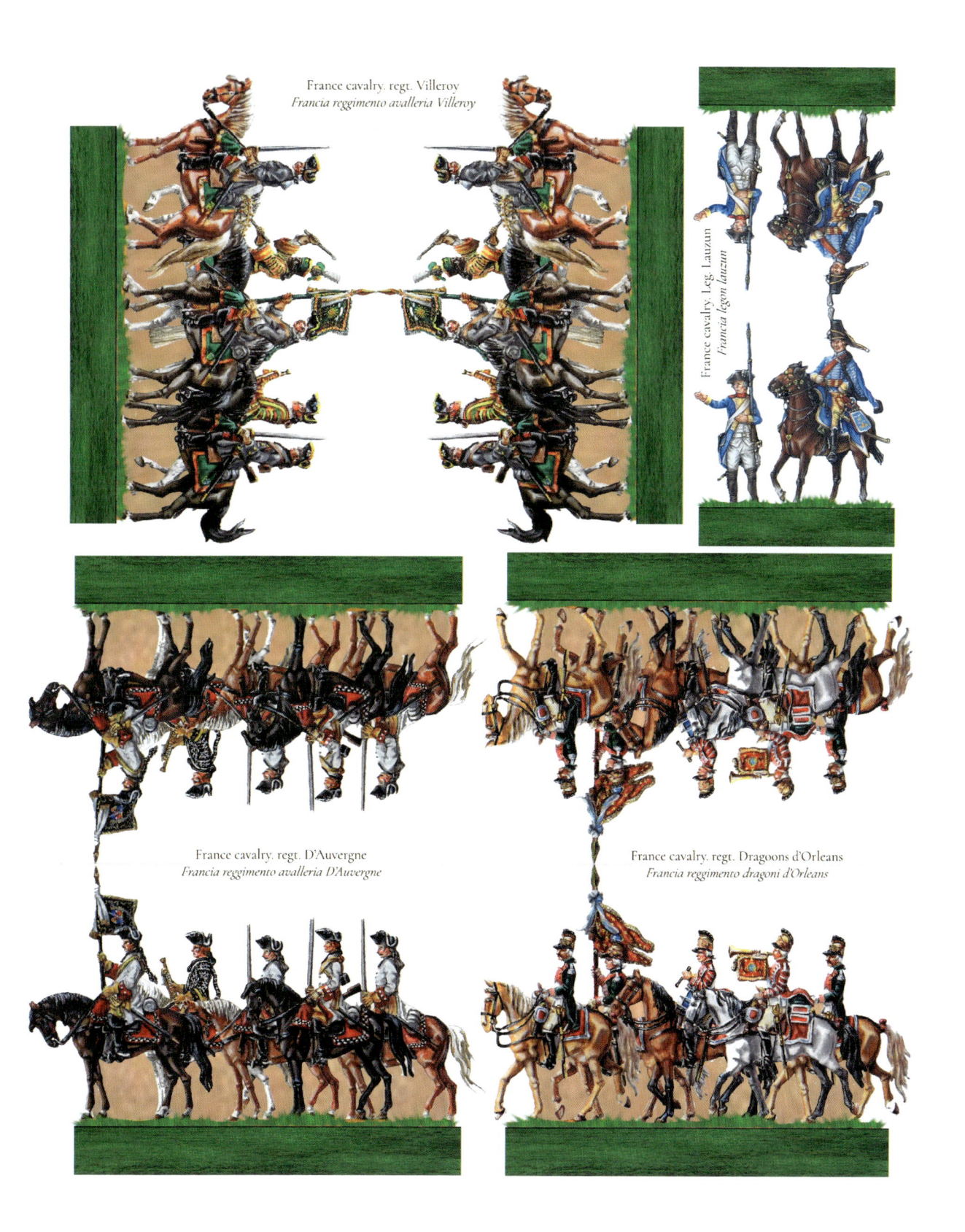

France cavalry. regt. Villeroy
Francia reggimento avalleria Villeroy

France cavalry. Leg. Lauzun
Francia legon lauzun

France cavalry. regt. D'Auvergne
Francia reggimento avalleria D'Auvergne

France cavalry. regt. Dragoons d'Orleans
Francia reggimento dragoni d'Orleans

Austro-Russian Order of Battle

Commander-in-chief: general count Piotr Semionovitch Saltykov. Summary: 84 battalions, 99 squadrons, about 5,000 Grenzers, 50 *sotnias* of Cossacks, 211 field guns, 212 regimental guns.

Right Wing under lieutenant-general Demiku
Major-general Totleben Cossack Brigade (Vanguard)
    Leonov Cossacks
    Richkov Cossacks
    Sulin Cossacks
    Pozdeev Cossacks
    Lukovkin Cossacks
    Tartars and Kalmucks
Riazanov Light Cavalry Brigade (deployed behind the Cossacks)
    Gruzinskiy Hussars (5 sqns)
    1st Novoserbskiy Hussars (5 sqns)
    Zeltiy (Yellow) Hussars (2 sqns

First Line
Grenzer Light Infantry (some 5,000 men)
    Karlstädter-Lykaner (a few coys)
    Karlstädter-Ottochaner (1 bn)
    Karlstädter-Oguliner (a few coys)
    Slavonisch-Peterwardeiner (1 bn)
Hussar Brigade (deployed behind the Grenzers)
    Vengerskiy Hussars (5 sqns)
    1st Novoserbskiy Hussars (5 sqns)
Homiakov Heavy Cavalry Brigade
    Prince Fedorovitch Cuirassiers (3 sqns) aka Altesse Impériale
    3rd Cuirassier (3 sqns)
    Converged Cuirassiers (3 sqns)
Austrian Cavalry under field-marshal Loudon
    Löwenstein Chevaulegers (10 sqns)
    Liechtenstein Dragoons (5 sqns + 1 horse grenadier coy)
    Herzog Württemberg Dragoons (5 sqns + 1 horse grenadier coy)
    Kolowrat-Krakowski Dragoons (5 sqns + 1 horse grenadier coy)

Centre 2nd Division under lieutenant-general Villebois
Brigadier Sievers Brigade
    Chernigovskiy (2 bns)
    Arkhangelogorodskiy (2 bns)
    Narvskiy (2 bns)
Major-general Panin Brigade
    Voronejskiy (2 bns)
    1st Grenadier (2 bns)

Ordine di battaglia austro-russo

Comandante in capo: Generale Conte Piotr Semionovitch Saltykov. Totali: 84 battaglioni, 99 squadroni, circa 5,000 Grenzers, 50 *sotnias* di cosacchi, 211 cannoni campali 212 altri pezzi.

Ala destra sotto il lieutenant-general Demiku
Major-general Totleben Cossack Brigade (Avanguardia)
    Leonov Cossacks
    Richkov Cossacks
    Sulin Cossacks
    Pozdeev Cossacks
    Lukovkin Cossacks
    Tartars and Kalmucks
Riazanov Light Cavalry Brigade (posta dietro ai cosacchi)
    Gruzinskiy Hussars (5 sqns)
    1st Novoserbskiy Hussars (5 sqns)
    Zeltiy (Yellow) Hussars (2 sqns

Prima linea
Grenzer Light Infantry (5.000 uomini)
    Karlstädter-Lykaner (una compagnia)
    Karlstädter-Ottochaner (1 bn)
    Karlstädter-Oguliner (una compagnia)
    Slavonisch-Peterwardeiner (1 bn)
Hussar Brigade (posta dietro ai Grenzers)
    Vengerskiy Hussars (5 sqns)
    1st Novoserbskiy Hussars (5 sqns)
Homiakov Heavy Cavalry Brigade
    Prince Fedorovitch Cuirassiers (3 sqns)
    3rd Corazzieri (3 sqns)
    Converged Corazzieri (3 sqns)
Cavalleria austriaca sotto il field-marshal Loudon
    Löwenstein Chevaulegers (10 sqns)
    Liechtenstein Dragoons (5 sqns + 1 horse grenadier com)
    Herzog Württemberg Dragoons (5 sqns + 1 horse grenadier com)
    Kolowrat-Krakowski Dragoons (5 sqns + 1 horse grenadier com)

Centro 2ª Divisione sotto il generale Villebois
Brigadier Sievers Brigade
    Chernigovskiy (2 bns)
    Arkhangelogorodskiy (2 bns)
    Narvskiy (2 bns)
Major-general Panin Brigade
    Voronejskiy (2 bns)
    1st Grenadier (2 bns)

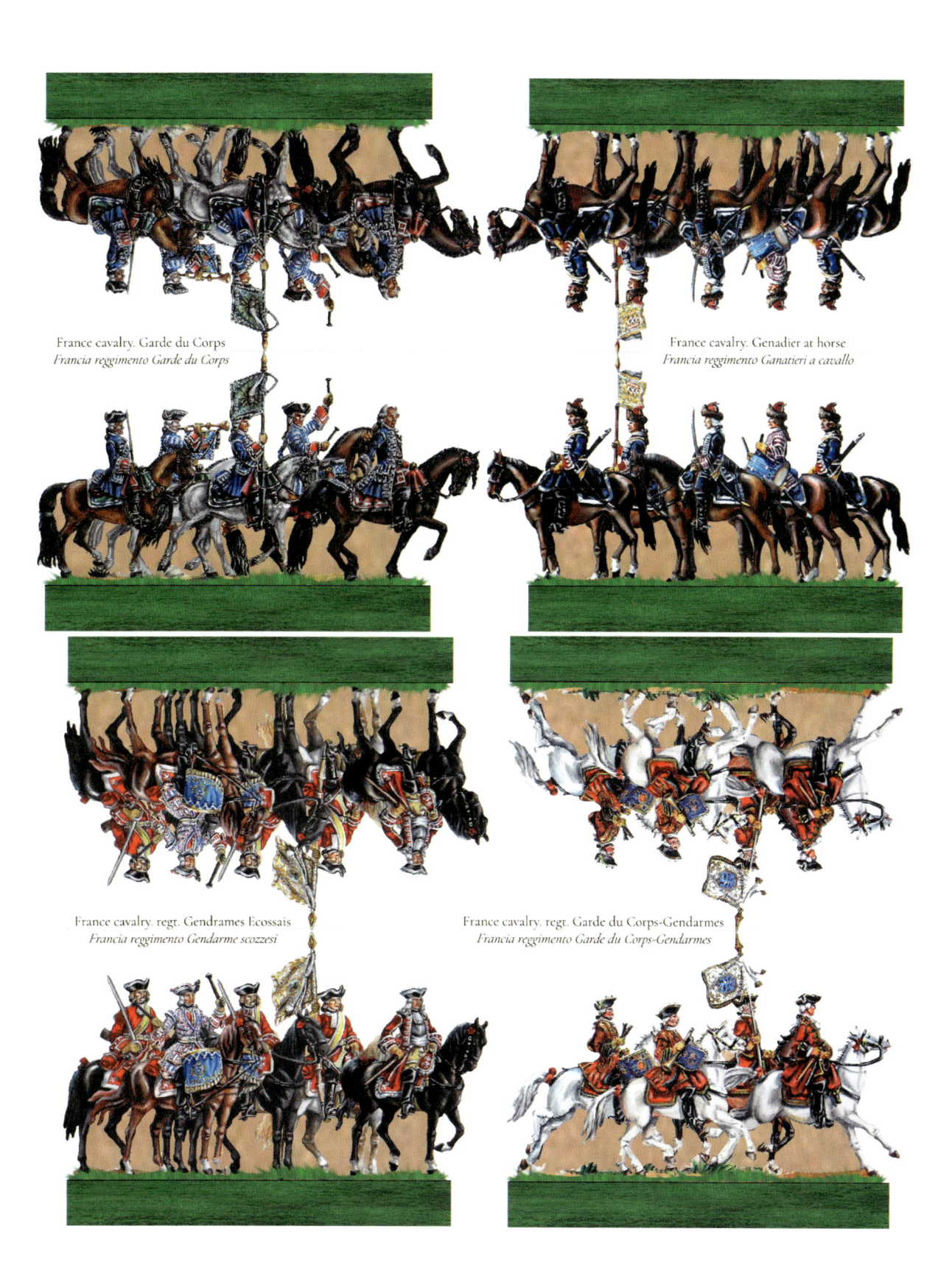

France cavalry. Garde du Corps
Francia reggimento Garde du Corps

France cavalry. Genadier at horse
Francia reggimento Ganatieri a cavallo

France cavalry. regt. Gendrames Ecossais
Francia reggimento Gendarme scozzesi

France cavalry. regt. Garde du Corps-Gendarmes
Francia reggimento Garde du Corps-Gendarmes

Major-general Leontiev Brigade
    Troitskiy (2 bns)
    Viatskiy (2 bns)
    Vyborgskiy (2 bns)
    2nd Moscowskiy (2 bns)
    Nizovskiy (2 bns)

Centre 1st Division under lieutenant-general V. Fermor
Brigadier Uvarov Brigade
    Permskiy (2 bns)
    Azovskiy (2 bns)
    Kazanskiy (2 bns)
Major-general von Diess Brigade
    Nevskiy (2 bns)
    4th Grenadier (2 bns)
Major-general Berg Brigade
    Sibyrskiy (2 bns)
    Uglitskiy (2 bns)
    Kievskiy (2 bns)
    Sankt-Peterburgskiy (2 bns)
Austrian Infantry under Field-Marshal Loudon
    Waldeck (2 bns)
    Baden-Baden (2 bns)
    Bethlen (2 bns)
    Loudon's Converged Grenadiers (2 bns)

Centre 3rd Division under lieutenant-general Rumiantsev
Major-general Fürst Dolgorouki Brigade
    3rd Grenadier (2 bns)
    Vologdaskiy (2 bns)
Lieutenant-general Prinz Lubomirski Brigade
    Pskovskiy (2 bns)
    Apsheronskiy (2 bns)
    Rostovskiy (2 bns)
Brigadier Leontiev Brigade
    Novgorodskiy (2 bns)
    Nizegorodskiy (2 bns)
Major-general von Manteuffel Brigade
    Bjeloserskiy Infantry (2 bns)
    2nd Grenadier (2 bns)
Austrian Infantry under field-marshal Loudon
    Los Rios (2 bns)
    Arenberg (2 bns)
    Leopold Palffy (2 bns)

Left Wing
Krasnochekov Cossack Brigade
    Chuguievskiy Cossacks
    Greckov Cossacks
    Moshlygin Cossacks
    Slobodskyi Cossacks
    Cossacks and Metcherakis
Major-general Morbvinov Brigade (deployed behind the Cossacks)
    Sankt-Peterburgskiy Horse Grenadiers (3 sqns)
    Ryazanskiy Horse Grenadiers (3 sqns)
    Kargopolskiy Horse Grenadiers (3 sqns)

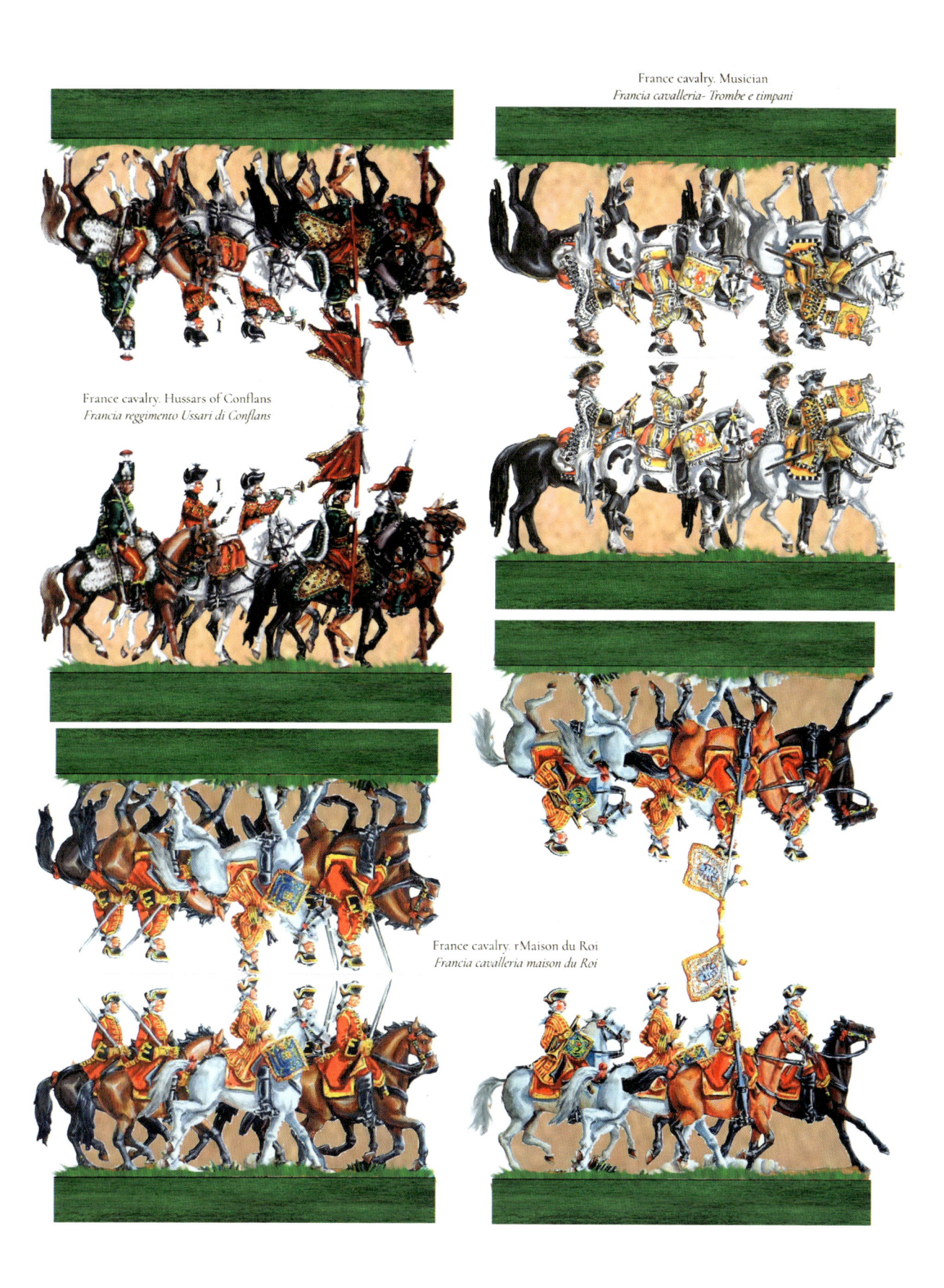

France cavalry. Musician
Francia cavalleria- Trombe e timpani

France cavalry. Hussars of Conflans
Francia reggimento Ussari di Conflans

France cavalry. rMaison du Roi
Francia cavalleria maison du Roi

39

Lieutenant-general Fürst Golitsyn Observation Corps
   Brigadier Essen Brigade
      Observation Corps 1st Musketeer (3 bns)
      Observation Corps 5th Musketeer (3 bns)
   Observation Corps Grenadiers (2 bns)
   Brigadier Gaugreben Brigade
      Arkhangelogorodskiy Dragoons (3 sqns)
      Tobolskiy Dragoons (3 sqns)
   Lieutenant-general Fast Brigade
      Observation Corps 4th Musketeer (3 bns)
      Observation Corps 3rd Musketeer (3 bns)
   Major-general Piotr Jeropkin Brigade
      Novotroitskiy Cuirassiers (3 sqns)
      Kievskiy Cuirassiers (3 sqns)
      Kazanskiy Cuirassiers (3 sqns)
      Prince Fedorovitch Cuirassiers (1 sqn)
Austrian Cavalry under field-marshal Loudon
   Nádasdy Hussars (5 sqns)
   Kálnoky Hussars (5 sqns)
Russian Cavalry
   Serbskiy Hussars (5 sqns)

STATES OF FRANCE-AUSTRIA-RUSSIA ALLIANCE

FRANCE

Capital   Paris
Language French
Religion   Catholic
Population   27,000,000 inhabitants (1789 estimate)
Government   Kingdom
Dependencies   At the beginning of the Seven Years War, France had several colonies: Antilles Françaises (French Antilles) Indian Counters, Nouvelle France (New France) counting 70,000 inhabitants and consisting of Canada, about 54,000 inhabitants along the Saint-Lawrence River up to the Great Lakes and in Louisiane (now known as Louisiana) along the Mississipi River Sénégal and Seychelles.
Rulers   King Louis XV
Navy   The French Marine Royale was the main rival of the British Navy. However, it had fewer warships. In 1750, France had 57 ships of the line and 24 frigates. From 1755 to 1765, the French Navy planned to build 111 ships of the line, 54 frigates and a large number of smaller vessels.
International relations: In 1756, when the French Court learned that Prussia had concluded a defensive alliance with Great Britain, it decided not to renew its own alliance with Prussia. Furthermore, on May 1, France signed First Treaty of Versailles with Austria which led to a total reversal of alliances. On June 9 1756, France declared war to Great Britain.

AUSTRIA

Capital   Wien (Vienna)
Language German, Hungarian, Croatian, Italian
Religion   Catholic
Population approximately 14,000,000

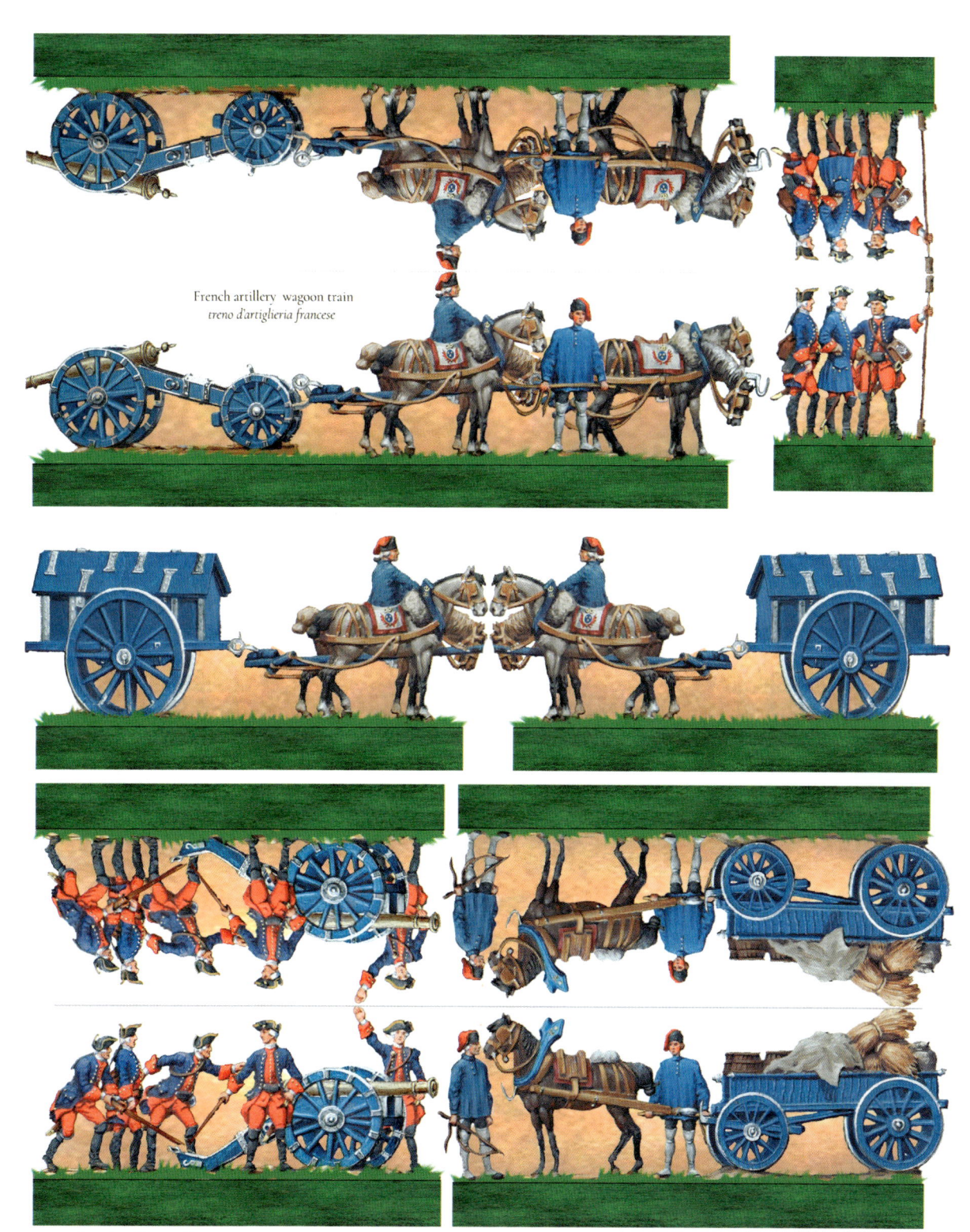

French artillery wagoon train
treno d'artiglieria francese

French artillery artillery wagoon
Ariglieri francesi e carri per artiglieria

The population of the Habsburg Empire increased throughout the XVIIIth century from 9,000,000 to 17,000. Hungary saw the largest demographic growth, quadrupling its population during this century.

Government   Archduchy
Rulers   1740-1780: Maria Theresa and her husband Francis I
Navy   none

International relations In 1755, the Austrian Court initiated negotiations with France. In 1756, when the Austrian Court heard of the defensive alliance concluded between Great Britain and Prussia, it decided to abandon its British alliance. On May 1, it signed the First Treaty of Versailles with France, thus creating a major reversal of alliances in Europe.

RUSSIA

Capital   Sankt-Peterburg (Saint Petersburg)
Language Russian, Ukrainian
Religion   Orthodox
Population approximately 20,000,000
An estimation of the population in 1796 proposes 26,000,000
Government   Empire
Rulers   1741-1762: Empress Elizabeth Petrovna
1762: Emperor Peter III
1762-1796: Empress Catherine II

International relations: Since 1747, Great Britain was paying for the maintenance of Russian troops in Courland and Livonia. The same year, In 1747, Frederick II of Prussia had concluded a defensive alliance with Sweden against Russia.

On September 30 1755, Sir Hanbury Williams concluded a new agreement between Russia and Great Britain by which, for the next four years, Russia would make 55,000 men and from 40 to 50 galleys available to Great Britain. Furthermore, 10,000 men could be used on the sea if necessary.

In 1756, when the Russian Court heard of the alliance between Great Britain and Prussia, it bandoned its own alliance with Great Britain and sided with Austria and France.

Popolazione circa 14.000.000 di abitanti
La popolazione dell'Impero asburgico aumentò nel corso del XVIII secolo da 9.000.000 a 17.000 abitanti. L'Ungheria vide la più grande crescita demografica, quadruplicando la sua popolazione durante questo secolo.

Forma del governo Arciducato imperiale
Monarca 1740-1780: Maria Teresa e suo marito Francesco I
Marina irrilevante

Relazioni internazionali Nel 1755 la Corte austriaca avviò i negoziati con la Francia. Nel 1756, quando la Corte austriaca venne a conoscenza dell'alleanza difensiva conclusa tra Gran Bretagna e Prussia, decise di abbandonare l'alleanza britannica. Il 1° maggio firmò il Primo Trattato di Versailles con la Francia, creando così un'importante inversione di tendenza delle alleanze in Europa.

RUSSIA

Capitale Sankt-Peterburg (San Pietroburgo)
Lingua russa, ucraino
Religione ortodossa
Popolazione circa 20.000.000 di abitanti
Una stima della popolazione nel 1796 propone ben 26.000.000 abitanti.
Forma di governo Impero
Monarca 1741-1762: l'imperatrice Elisabetta Petrovna
Dal 1762: L'imperatore Pietro III
Dal 1762-1796: L'imperatrice Caterina II

Relazioni internazionali: Dal 1747 la Gran Bretagna pagava il mantenimento delle truppe russe a Courland e Livonia. Nello stesso anno, nel 1747, Federico II di Prussia aveva concluso un'alleanza difensiva con la Svezia contro la Russia.

Il 30 settembre 1755, Sir Hanbury Williams conclude un nuovo accordo tra la Russia e la Gran Bretagna con il quale, per i successivi quattro anni, la Russia avrebbe messo a disposizione della Gran Bretagna 55.000 uomini e da 40 a 50 galere. Inoltre, se necessario, 10.000 uomini potevano essere utilizzati in mare.

Nel 1756, quando la Corte russa venne a conoscenza dell'alleanza tra la Gran Bretagna e la Prussia, abbandonò la propria alleanza con la Gran Bretagna e si schierò con Austria e Francia.

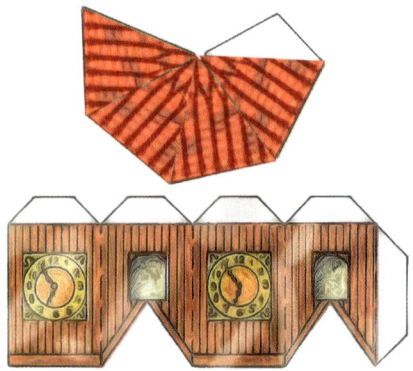

Gates for the Rathaus (pag. 44) - Portoni e porticato del Rathaus - Clock tower on the roof .Torretta dell'orologio

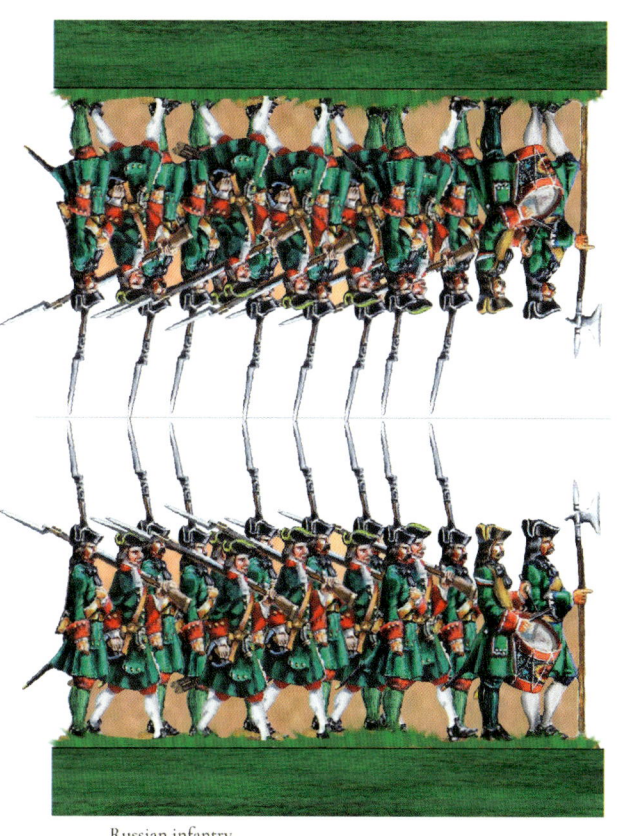

Russian infantry
Fanteria russa

Russian Grenadiers and staff
Granatieri russi e comando

Fachwerk "Rathaus" house - *Antica casa a graticcio Municipio con porticato (Rathaus)*

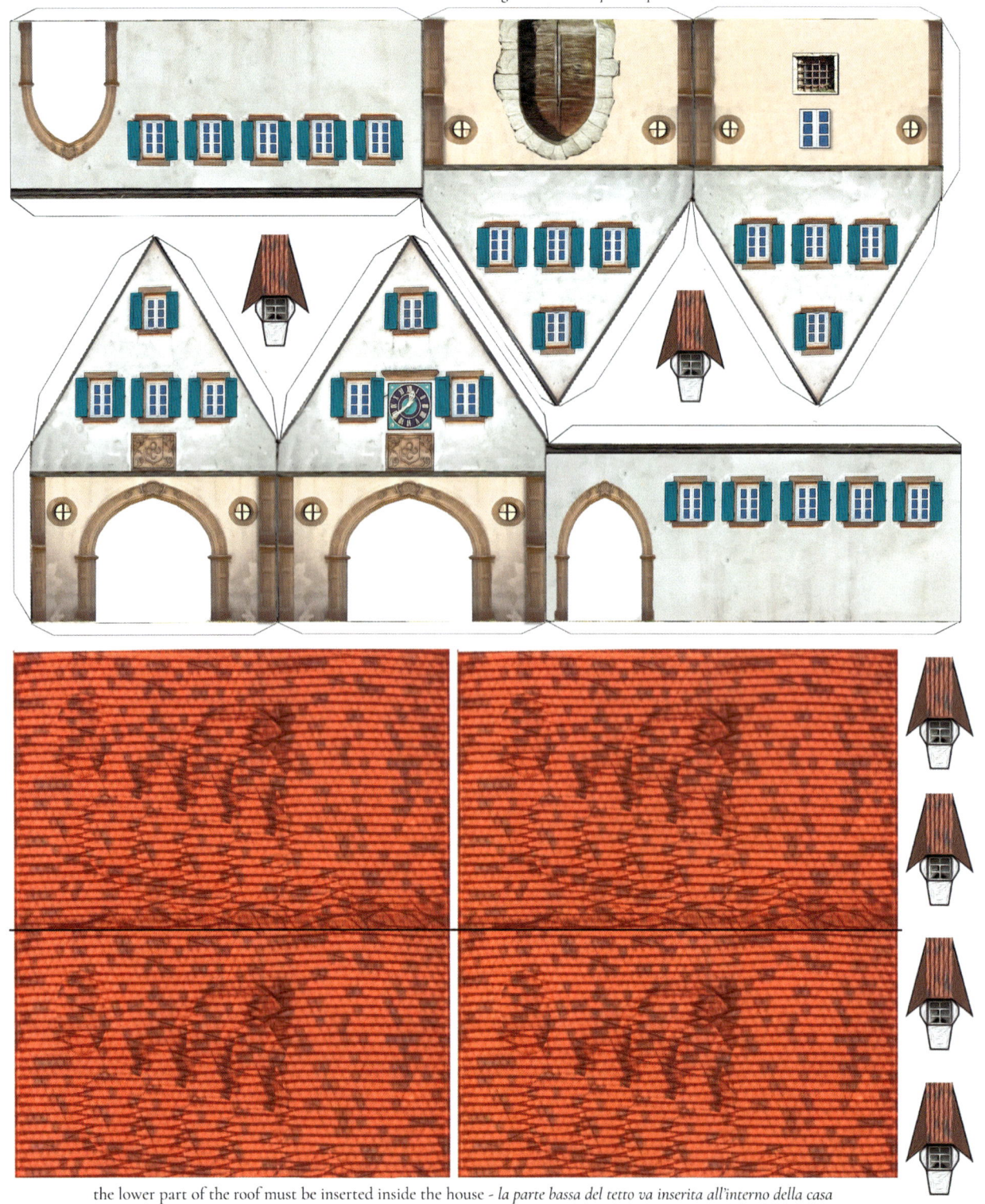

the lower part of the roof must be inserted inside the house - *la parte bassa del tetto va inserita all'interno della casa*

Russian artillery
Artiglieria russa

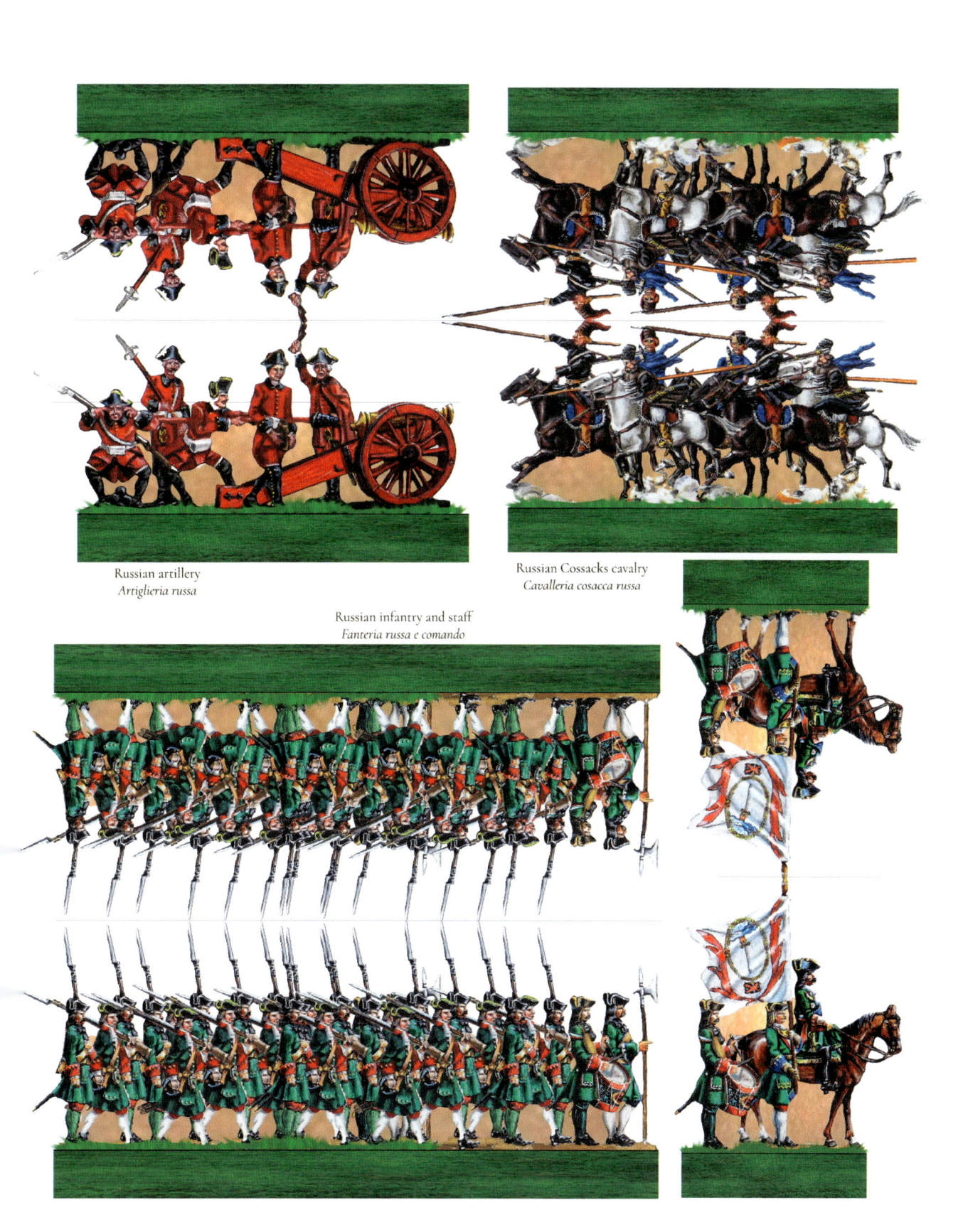

Russian Cossacks cavalry
Cavalleria cosacca russa

Russian infantry and staff
Fanteria russa e comando

Water mill house - *Casa mulino ad acqua*

French cavalry in charge
Cavalleria francese in carica

Saxon Cavalry
Cavalleria sassone

Fachwerk house - *Antica casa a graticcio*

French legion Lauzun - Francia legione lauzun

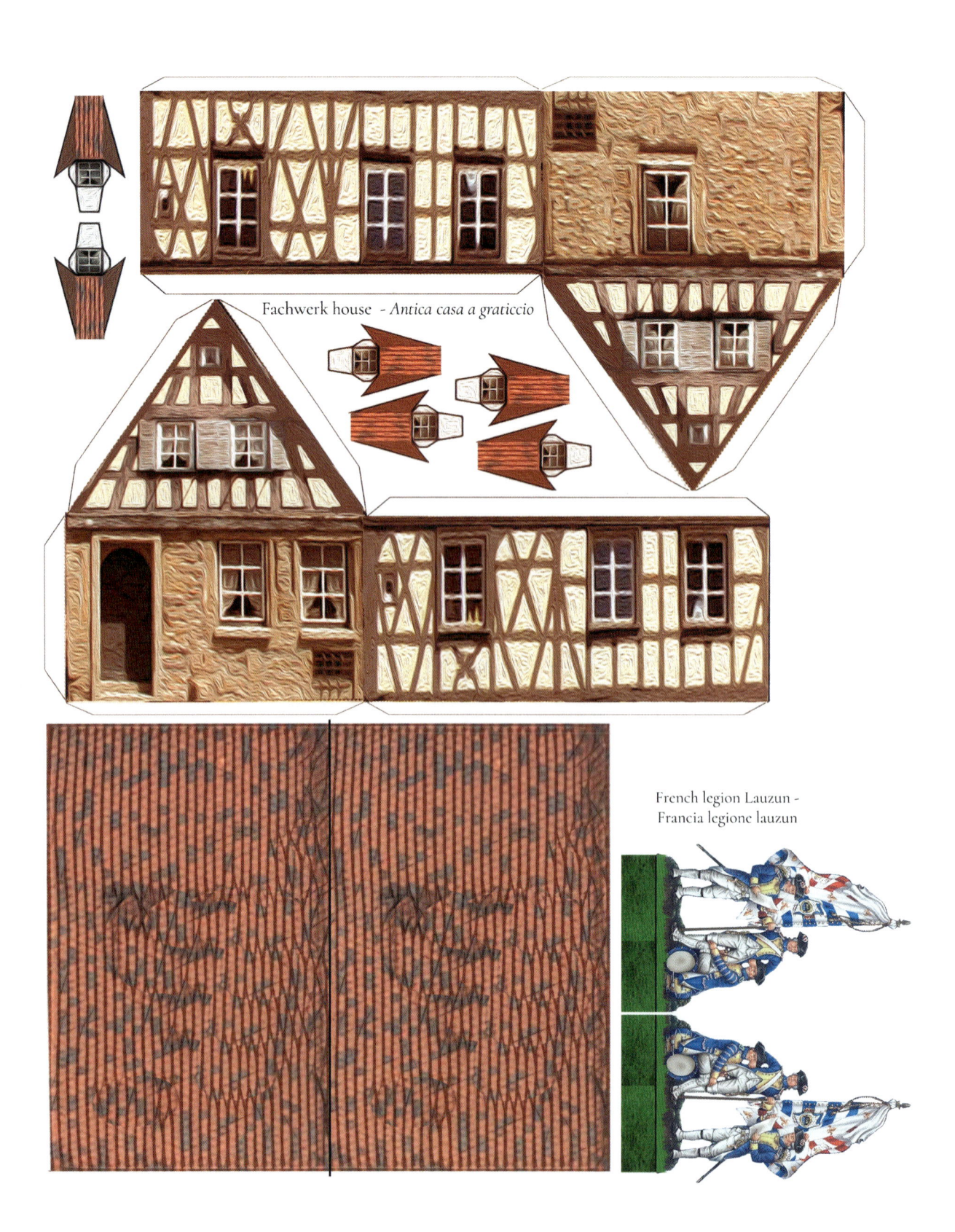

PAPER BATTLE&DIORAMAS PUBLISHED AND IN WORKING
(SOME TITLES)

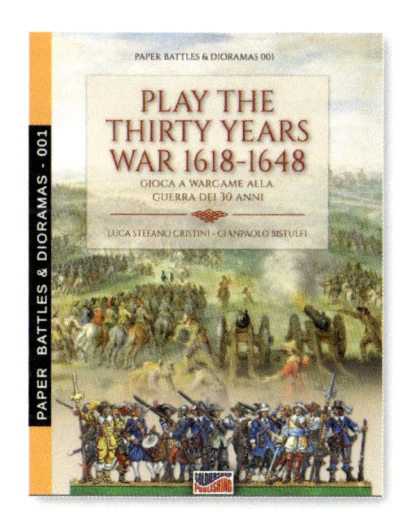

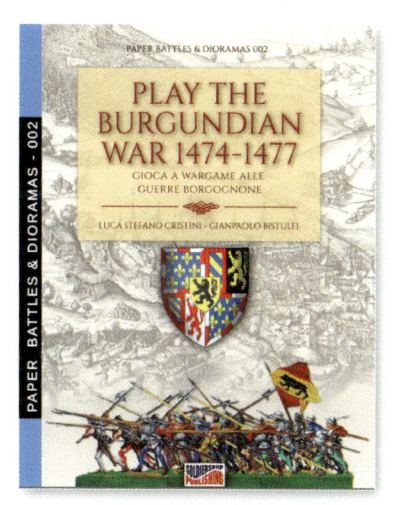

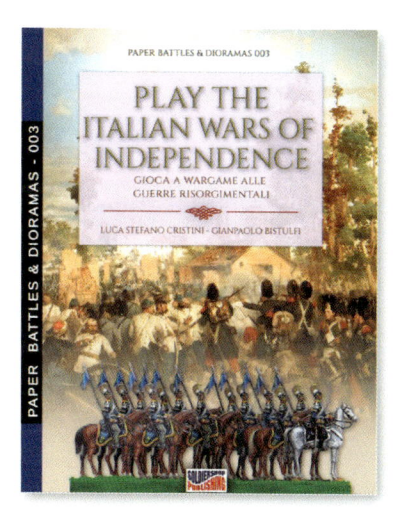

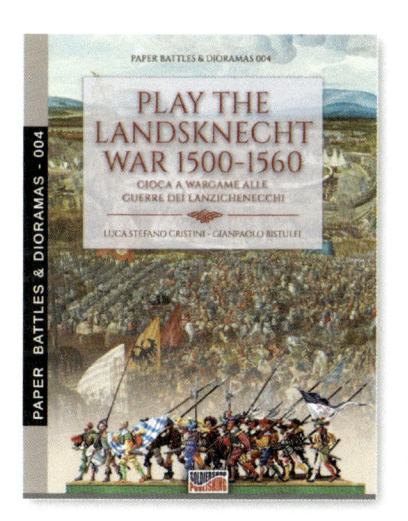

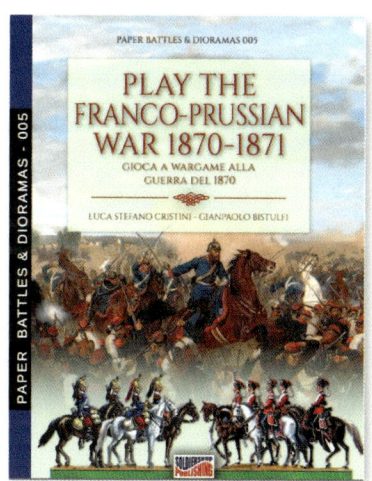

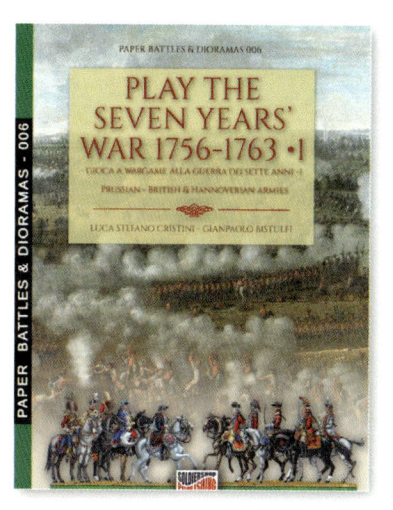

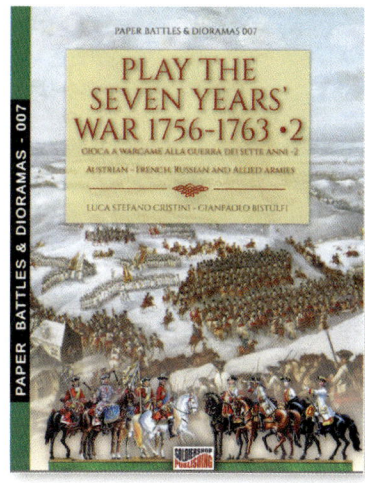

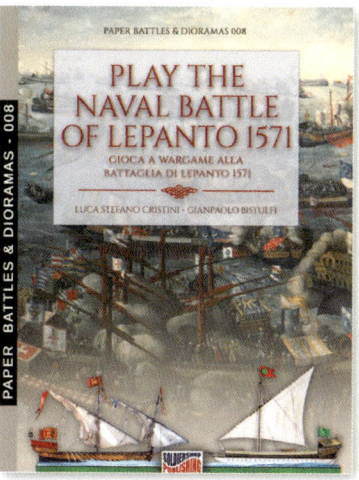

- PAPER BATTLES & DIORAMAS 001 — **PLAY THE THIRTY YEARS WAR 1618-1648** — Gioca a wargame alla Guerra dei 30 anni — Luca Stefano Cristini · Gianpaolo Bistulfi
- PAPER BATTLES & DIORAMAS 002 — **PLAY THE BURGUNDIAN WAR 1474-1477** — Gioca a wargame alle Guerre Borgognone — Luca Stefano Cristini · Gianpaolo Bistulfi
- PAPER BATTLES & DIORAMAS 003 — **PLAY THE ITALIAN WARS OF INDEPENDENCE** — Gioca a wargame alle Guerre Risorgimentali — Luca Stefano Cristini · Gianpaolo Bistulfi
- PAPER BATTLES & DIORAMAS 004 — **PLAY THE LANDSKNECHT WAR 1500-1560** — Gioca a wargame alle Guerre dei Lanzichenecchi — Luca Stefano Cristini · Gianpaolo Bistulfi
- PAPER BATTLES & DIORAMAS 005 — **PLAY THE FRANCO-PRUSSIAN WAR 1870-1871** — Gioca a wargame alla Guerra del 1870 — Luca Stefano Cristini · Gianpaolo Bistulfi
- PAPER BATTLES & DIORAMAS 006 — **PLAY THE SEVEN YEARS' WAR 1756-1763 • 1** — Gioca a wargame alla Guerra dei Sette Anni -1 — Prussian - British & Hannoverian Armies — Luca Stefano Cristini · Gianpaolo Bistulfi
- PAPER BATTLES & DIORAMAS 007 — **PLAY THE SEVEN YEARS' WAR 1756-1763 • 2** — Gioca a wargame alla Guerra dei Sette Anni -2 — Austrian - French Russian and Allied Armies — Luca Stefano Cristini · Gianpaolo Bistulfi
- PAPER BATTLES & DIORAMAS 008 — **PLAY THE NAVAL BATTLE OF LEPANTO 1571** — Gioca a wargame alla Battaglia di Lepanto 1571 — Luca Stefano Cristini · Gianpaolo Bistulfi

Soldiershop Publishing

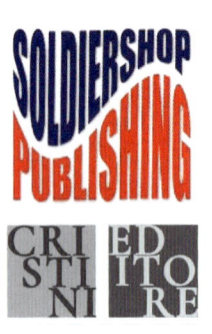

CRI ED
STI ITO
NI RE

Printed in Great Britain
by Amazon